MUSÉE INDUSTRIEL ET ARTISTIQUE

OU

DESCRIPTION COMPLÈTE DE L'EXPOSITION

des

PRODUITS DE L'INDUSTRIE FRANÇAISE

FAITE EN 1839.

STATISTIQUE INDUSTRIELLE

MANUFACTURIÈRE ET AGRICOLE DE LA FRANCE,

Renfermant les Titres des Exposans et les Récompenses qu'ils ont obtenues depuis l'Exposition de 1819 jusqu'à l'année 1839, inclusivement, ainsi que les distinctions accordées à ceux qui n'ont pas exposé.

Imprimerie de Madame DE LACOMBE
rue d'Enghien, 12.

MUSÉE INDUSTRIEL ET ARTISTIQUE

OU

DESCRIPTION COMPLÈTE DE L'EXPOSITION

des

PRODUITS DE L'INDUSTRIE FRANÇAISE

FAITE EN 1839.

STATISTIQUE INDUSTRIELLE

MANUFACTURIÈRE ET AGRICOLE DE LA FRANCE,

Renfermant les Titres des Exposans et les Récompenses qu'ils ont obtenues depuis l'Exposition de 1819, jusqu'à l'année 1839, inclusivement, ainsi que les distinctions accordées à ceux qui n'ont pas exposé;

PUBLIÉ

PAR LA SOCIÉTÉ POLYTECHNIQUE,

SOUS LA DIRECTION

DE M. J.-G.-V. DE MOLÉON,

ANCIEN ÉLÈVE DE L'ÉCOLE POLYTECHNIQUE,

Chevalier de la Légion-d'Honneur et de plusieurs Ordres étrangers;

Ingénieur; Directeur du Recueil de la Société Polytechnique ou Recueil industriel. — Auteur de plusieurs Ouvrages sur l'Industrie, la Statistique et l'Économie publique. — Membre de plusieurs Sociétés françoises et étrangères — Membre du jury central de l'Exposition de 1823, etc., etc.

TOME Ier.

PARIS.

Au Bureau de la Société Polytechnique et du Recueil industriel, RUE DE LA PAIX, 20;

CHEZ JULES RENOUARD ET COMP., LIB.-ÉDIT., RUE DE TOURNON, 8;

Et chez tous les Libraires de Paris et des Départemens.

A Londres, M. BOSSANGE; à St-Pétersbourg, M. BELLIZARD.

1844.

MUSÉE INDUSTRIEL ET ARTISTIQUE

OU

DESCRIPTION COMPLÈTE DE L'EXPOSITION GÉNÉRALE

DES PRODUITS

DE L'INDUSTRIE FRANÇAISE EN 1839.

INTRODUCTION.

§ 1er. *Motifs qui nous ont déterminé à retarder la description de l'exposition de* 1839.

Les industriels français et les nombreux souscripteurs de nos publications auraient pu croire un instant que nous avions cessé de servir leurs intérêts, si toutefois nous n'avions pour les convaincre les efforts constans que nous faisons chaque jour pour contribuer à leur renommée et à l'éclat de l'industrie en France.

En effet, nous qui avons eu les premiers l'idée de faire l'historique des expositions, idée que nous avons mise à exécution avec tout le dévouement qu'on doit apporter à un principe aussi fécond en résultats que l'est l'industrie, il a dû paraître étonnant que nous nous laissions devancer et déborder par des publications qui n'ont pas fait oublier la nôtre, si nous devons croire aux témoignages de nos correspondans. Le motif de ce retard était bien simple, et c'est lui qui va répondre pour nous.

D'abord, c'est précisément parce que la spéculation s'est emparée de notre idée, que nous avons renoncé à nous faire les complices de la *spéculation*. Le public connaissait nos principes, il fallait le maintenir dans cette opinion : c'est ce que nous avons fait.

Malheureusement ce public, qui souvent ne devine que ce qu'on lui dit, a été obligé de prêter l'oreille à d'autres voix que la nôtre : il s'est laissé prendre au piége de la spéculation littéraire, et il a accepté ce qu'on lui servait, parce qu'il ignore combien de temps, de sacrifices, de soins, d'études, de demandes, de renseignemens, de travail enfin, il faut pour organiser une *encyclopédie quinquennale* aussi complète que celle que nous avons conçue. S'il ne s'agissait que de copier le livret de l'exposition, comme on dresse l'inventaire d'une salle de vente ; ou de livrer à l'impression les annonces et les prospectus de MM. les exposans ; ou bien encore de faire un rapport officiel sur l'état de l'industrie tous les cinq ans, comme travail matériel, l'un de ces trois objets ne coûterait que la peine de le faire ; mais on n'a qu'à se reporter à la méthode que nous avons suivie pour notre travail, et à se pénétrer de son exécution consciencieuse, pour voir qu'il est impossible de livrer de suite au public un ouvrage contenant 3 à 4 mille articles rédigés par 3 à 4 mille exposans, à leur aise et sous leur bon plaisir ; car en écrivant pour les industriels et dans le but unique de servir leurs intérêts, la lenteur ou la rapidité de notre travail dépend d'eux ; pour les servir, il faut qu'ils nous servent, il faut que l'un ne fasse pas attendre après l'autre, sans cela la chaîne est rompue et il arrive ce que malheureusement nous n'avons pu empêcher, un retard très préjudiciable aux intérêts de l'industrie en général.

Ainsi, les reproches que l'on pourrait nous adresser tombent d'eux-mêmes, et nous dirons avec franchise à MM. les exposans de 1839 : « Ce
» n'est pas à nous, c'est à vous qu'il faut s'en
» prendre ; nous ne pouvions tenir notre pro-
» messe qu'autant que vous tiendriez la vôtre.
» Mon travail est organisé ; depuis la création
» des expositions, c'est toujours la même ma-
» chine qui agit et les mêmes bras qui font agir ;
» tout est prêt ; donnez nous vos notices, vos
» dessins ; vous savez combien cette complai-
» sance doit vous rapporter d'avantages ; votre
» renommée et votre prospérité y sont intéres-
» sées, vous n'avez donc pas de temps à per-
» dre. »

Voilà notre réponse pure et simple. — MM. les exposans de 1839 approuveront cette franchise, et nous laissons la responsabilité de notre retard à ceux qui en ont été la cause.

Cependant nous avons trouvé le moyen de donner le change à notre inaction et de tourner au profit de l'industrie ce qui semblait lui faire du tort. Nous n'avons nullement renoncé à notre tâche, nous la reprenons au contraire en homme de cœur, maintenant que les notices et les dessins qui nous manquaient sont sur le métier, maintenant surtout que 1844 est là, en face de nous, avec son industrie resplendissante, et ses industriels avides de renommée. La circonstance est on ne peut plus favorable pour reparaître sur la scène : 1839 va se trouver à côté de 1844. Les livraisons de notre publication se succèderont, toujours une époque en regard de l'autre, et les industriels pourront se dire avec satisfaction : tout vient à point à qui sait attendre.

§ 2. *Programme de notre travail.*

Pour la distribution de notre travail, nous nous conformerons à la méthode suivie jusqu'à ce jour dans notre historique des expositions, en adoptant la classification *technologique* du jury central dans son rapport.

Tous nos articles auront un numéro d'ordre, à côté duquel sera rapporté celui du livret ou catalogue de l'exposition de 1839; cette double annotation donne un caractère plus officiel à notre travail, et il est à regretter que le jury central ne l'adopte pas dans son rapport. Elle le mettait à l'abri de quelques erreurs qui se commettent. Ces articles seront terminés par la citation des récompenses qu'auront obtenues MM. les exposans. Cette nomenclature sera nécessairement plus complète que celle du jury, puisque *nous parlerons des exposans qui n'ont obtenu aucune récompense*, mais qui cependant méritent d'être cités comme ayant contribué au progrès de l'industrie, et ayant mérité dans tous les cas d''être admis au concours. Pour ceux-là, il ne dépendra pas de nous d'être aussi étendus que pour les autres, car beaucoup d'entre eux nous ont laissé dans l'ignorance ; néanmoins ils figureront avec une exactitude scrupuleuse, dont nous sommes bien aises de leur donner l'exemple.

Le nombre de ces exposans est encore considérable, car le procès-verbal du jury mentionne 2233 exposans et le livret en énonce 3,381; il y a donc 1,148 exposans intéressés à se procurer notre ouvrage qui a un caractère *semi-officiel.* — C'est un titre honorable à mettre dans les bibliothèques de famille, et c'est même le seul qui reste, car pour les exposans qui n'ont obtenu ni mention honorable, ni citations, il n'y a que le livret qui mentionne leurs noms ; mais une fois l'exposition achevée, ce livret disparaît ; il ne transmet au petit nombre d'industriels qui le conservent aucuns détails ; c'est un recueil d'adresses et voilà tout; tandis que compris dans le même ouvrage où sont relatées les médailles d'or, d'argent, de bronze, données à leurs concurrens, le public peut comparer, s'expliquer les motifs plus ou moins fondés de la préférence .... Le jury est composé d'hommes trop honorables, trop instruits, trop hautement placés, trop indépendans pour faire des erreurs *volontaires*; mais dans ce concours si nombreux, où il faut une si grande perspicacité pour juger une foule d'objets semblables, quelq es erreurs p uvent échapper, quelques jugemens trop sévères peuvent exclure, quelques oublis, justifiés par le temps si court qu'on accorde au jury central, peuvent se faire, et convenons alors que pour ceux qui en sont atteints, c'est une fiche de consolation que nous leur donnons en rédigeant principalement pour cette classe d'exposans l'ouvrage que tous les 5 ans nous entreprenons. Nous espérons donc que ces exposans encourageront la publication d'un travail qui doit intéresser au plus haut degré leur commerce, leur industrie et leur amour-propre.

En tête de chaque division technologique, nous placerons des considérations générales sur l'état de la spécialité industrielle qu'elle concernera, afin de faire ressortir les progrès, les perfectionnemens, et le concours qu'y auront apporté les titulaires dont les noms suivront.

Quant au mode de rédaction, il sera d'une exactitude, d'une brièveté et d'une concision, dont les premiers comme les derniers sauront nous tenir compte. L'œuvre de chacun: voilà notre article; la récompense du jury: voilà notre éloge.

§ 3. *Avantages généraux et spéciaux.*

D'après l'explication que nous venons de donner, le lecteur a déjà dû comprendre quels avantages comporte notre mode de publication; ces avantages sont nombreux, voici les principaux:

1° Aucun ouvrage ne peut présenter avec plus d'exactitude et conserver à la mémoire les produits remarquables de chaque exposition quinquennale; la justification que nous avons donnée de notre retard en est une preuve, puisque c'est pour ne pas manquer à nos engagemens que nous avons en quelque sorte laissé souffrir nos propres intérêts. En effet, mettez de côté les publications imparfaites, qui ne sont que l'amplification du livret ou quelquefois sa réduction; et considérez seulement l'utilité qu'offre ce livret, aussi exact, aussi complet qu'il peut être. Est-ce là un ouvrage de bibliothèque, et suffit-il pour sauver de l'oubli les exposans que le rapport du jury n'a pas jugés dignes de récompenses? Le rapport du jury lui-même, si circonstancié et si honorable qu'il puisse être pour la classe privilégiée, peut-il tenir lieu de l'historique complet de l'exposition? Ce dernier ouvrage sert de diplôme aux médailles distribuées, mais il laisse deux lacunes: la 1re, relative aux exposans qui ne sont pas nommés; la 2e, relative aux gravures où sont représentés les objets d'élite de l'exposition. — C'est beaucoup pour de certaines inventions de parler aux yeux et de conserver par des dessins soignés, et ordinairement faits à l'échelle géométrique, d'excellens modèles qui se trouveraient perdus si on ne les recueillait pas.

2° C'est donc à la masse des exposans que s'adresse notre livre, et par son plan, il est destiné à entrer dans toutes les bibliothèques publiques ou particulières, avantage d'autant plus digne d'être apprécié qu'une fois les salles de l'exposition fermées, il reste peu de traces du labeur et des efforts que chaque industriel a faits pour la prospérité de l'industrie. Nous n'avons pas d'édifice où soient renfermés les produits distingués de chaque exposition, et quand même la France jouirait de ce bienfait, il reste toujours à combler une lacune dont notre livre donne satisfaction.

3° Dans l'état où se trouve l'industrie, il est impossible de la suivre aussi rapidement qu'elle marche, et de constater ce que l'on appelle ses progrès, sans tomber dans des répétitions sans cesse renaissantes. L'exposition formant le point d'arrêt du véritable progrès dans chaque spécialité industrielle, la revue de cette exposition forme donc elle-même à son tour une encyclopédie telle que ne peut l'établir aucun ouvrage, même spécial, puisqu'il n'y est question que des faits et des résultats.

4° Ce n'est donc plus seulement aux exposans que s'adresse notre historique ; ceux-là peuvent se contenter de l'honneur d'être cités dans un livre de bibliothèque ; mais à la masse des lecteurs est réservé l'inappréciable avantage de s'instruire, de comparer et de se glorifier des progrès intellectuels de notre pays.

5° Nous ne saurions développer en peu de mots à combien d'intérêts utiles se rattache l'historique des expositions. D'abord il offre pour le manufacturier le résultat de ses travaux ; pour le commerçant, le guide et le memento de ses achats; pour le consommateur, l'indication la plus favorable à ses besoins; pour l'inventeur, l'appréciation la plus valable de son invention aux yeux du capitaliste; pour tous, enfin, le meilleur moyen d'émulation qu'on puisse employer pour assurer le bienfait que les expositions produisent.

HISTORIQUE ET STATISTIQUE COMPARÉS DE L'EXPOSITION DE 1839.

§ 1er. *Resumé général sur les expositions précédentes.*

Colbert est le premier homme d'état qui ait compris que l'impulsion donnée aux manufactures est le principe d'économie politique le plus fécond en résultats. Malheureusement il emprisonna l'industrie dans la forme gouvernementale de son époque; il créa des corporations d'arts et de métiers qui entravèrent le progrès au lieu de l'activer. Cette faute a été vivement sentie par nos voisins d'outre-mer; ils l'ont réparée tout à leur avantage, et l'on peut dire que la France industrielle a eu son Waterloo dans le funeste édit de Nantes. Il lui a fallu pour s'en relever une circonstance aussi pressante que le blocus continental; car ce n'est guère qu'à cette époque que l'on peut faire remonter l'origine des expositions des produits nationaux.

La 1re exposition eut lieu sous le directoire (1798); elle dura 3 jours; François de Neufchâteau, ministre de l'intérieur, en fit l'objet d'une fête nationale qui produisit un grand effet sur l'Europe. — Elle compta 110 exposans.

La 2e exposition eut lieu sous le consulat, en 1801; elle fut remarquable par l'exhibition du métier Jacquard qui fut honoré d'une simple médaille de bronze. — Elle compta 220 exposans.

La 3e eut lieu en 1802; on y vit la 1re pièce de mousseline française. — Elle compta 540 exposans.

La 4e eut lieu en 1806, sous l'empire; c'est la 1re qui eut de l'éclat. — Elle compta 1,422 exposans.

La 5e en 1819, sous Louis XVIII. — Elle compta 1662 exposans.

La 6e en 1823, sous Louis XVIII. — Elle compta 1648 exposans.

La 7e en 1827, sous Charles X. — Elle compta 1795 exposans.

Ces 3 dernières expositions constatèrent de grands progrès dans les lainages et la construction des machines; Ternaux y présenta ses cachemires français.

La 8e exposition, celle de 1834, faite sur la place de la Concorde, a compté 2,447 exposans. Celle-là surpassa toutes les autres. On voit déjà que le nombre des exposans s'est élevé, en 46 ans, à une quantité 22 fois plus grande que celle de la 1re exposition; progression toujours croissante, puisqu'en 1839 cette quantité est 30 fois plus forte qu'en 1798.

Le directoire distribua des médailles à 25 exposans sur 111. La proportion dans l'équivalent des récompenses, n'égale pas à beaucoup près celle des exposans ; car en 1834, pour cent exposans, il n'y eut que 28 médailles de distribuées. Voici quel est le nombre des médailles décernées à chacune des 8 expositions :

1798 —	25	1819 —	360
1801 —	69	1823 —	470
1802 —	119	1827 —	425
1806 —	119	1834 —	697

Maintenant, il est facile de se faire une idée de l'impulsion que la fondation des expositions a donnée à l'industrie, en comparant le nombre des brevets d'invention pris dans cet intervalle de temps ; l'année de la 1re exposition, il y en a 10; en 1834, ce nombre était parvenu à 576 ; aujourd'hui on compte qu'il s'en prend 700 par an.

Le jury d'admission n'acquit une véritable importance industrielle qu'à la 4e exposition (1806), où ses membres furent portés à 22, et où il fut augmenté de savans et d'artistes. On fit également un changement dans la nature des encouragemens qui furent divisés en 5 classes : 1° médailles d'or ; 2° médailles d'argent de 1re classe ; 3° médailles d'argent de 2e classe ; 4° mentions honorables ; 5° citations.

Quant aux résultats prospères acquis à la France par les différentes expositions, ils sont nombreux ; ainsi nous citerons, dès 1798, les porcelaines de Sèvres, les toiles de Jouy, les ouvrâges sortis des presses de Didot, les montres de Bréguet, les instrumens de précision de Lenoir; etc. — En 1802, les draps provenans des laines du troupeau de Rambouillet, la fabrique de maroquin établie à Choisy-le-Roi, la fabrique de limes de *Raoul*. — En 1823, on vit pour la première fois dans les salles du Louvre des échantillons de soie provenant d'une nouvelle espèce de ver apportée de la Chine, et qui s'est répandue très rapidement dans nos départemens du midi.

Nous ne parlerons pas de l'exposition de 1834, pour laquelle nous avons publié 4 volumes pleins de richesses que cette exposition a produites.

§ 2. *Mesures prises pour l'exposition de* 1839.

L'exposition de 1839, la neuvième qui ait eu

lieu en France, s'est ouverte le 1er mai, et s'est terminée le 31 juin suivant. Elle a compté 3,381 exposans.

Une ordonnance du roi Louis-Philippe, datée du 27 décembre 1838, déclare 1° que cette exposition sera ouverte dans le grand carré des Champs-Élysées; 2° qu'aucun produit ne sera exposé sans avoir été admis par un jury, ou par les préfets, dans chaque département ; 3° que le jury central sera nommé, à Paris, par le ministre des travaux publics; et qu'il devra faire un rapport sur le mérite des objets exposés, et qu'après le rapport il sera décerné des récompenses ; 4° que les préfets feront connaître les artistes qui dans leur département auront mérité de prendre part aux récompenses.

Relativement aux dispositions de cette ordonnance, M. Martin du Nord, ministre des travaux publics, envoya une circulaire à tous les préfets, en date du 9 octobre 1838. Cette circulaire rappelle les services qu'ont rendus à l'industrie les expositions partielles faites par divers grands industriels ; circonstance à laquelle l'on doit rapporter l'éclat présumé que devra avoir l'exposition centrale, et l'émulation qu'elle devra produire dans toutes les parties du royaume. Les objets admis devront présenter un caractère d'utilité réelle ; l'artiste, comme l'ouvrier doivent être signalés indistinctement à la sollicitude et aux lumières du jury central. Le terme de rigueur pour l'envoi des objets est fixé au 1er avril 1839.

La deuxième circulaire, en date du 18 janvier 1839, fait part des instructions nécessaires à l'envoi des produits. Aucun envoi ne sera fait, ni aucun article ne sera reçu, s'il n'est transmis par le préfet ou le ministre, et accompagné d'un bordereau en triple expédition dont la 1re colonne contiendra le nom du fabricant ; la 2e, le lieu où l'industrie est exercée ; la 3e, le nombre des articles ; la 4e, le nombre des colis ; la 5e, la nature et le nombre des produits admis par le jury départemental. Les envois devront être faits à l'adresse de M. *Ledieu, inspecteur de l'exposition, au grand Carré des jeux*. Les produits chimiques qui seraient susceptibles de combustion spontanée ne pourront être envoyés sous aucun prétexte.

La troisième circulaire en date du 20 février, est relative à l'indication exacte du prix qui devra constater chaque produit, et surtout le *prix auquel ce produit peut être livré au consommateur*.

Le jury central fut composé comme il suit :

MM. d'Arcet, Barbet de Jouy, Berthier, Beudin, Blanqui, Bosquillon, Brongniart, Carez, Chevreul, Clément-Désormes, Combes, Cunin-Gridaine de Bonnard, Delaroche, Dufaud, Dumas, baron Dupin, Durand, Fontaine, Gay-Lussac, Girod de l'Ain, Griolet, Héricart de Thury, Kœchlin, Léon de Laborde, Legentil, Legros, Mathieu, Michel Chevallier, Meynard, Mouchel de Laigle, Payen, Petit, Pouillet, Jules Renouard, Sallandrouze, Savart, Savary, Saint-Criq, baron Séguier, Schlumberger, Tarbé de Vauxclairs, baron Thénard, Yvart.

Ce jury fut divisé en 8 commissions spéciales :

1° Tissus: MM. *Legentil*, président, *Barbet, Blanqui, Bosquillon, Carez, Girod de l'Ain, Griolet, Kœchlin, Legros, Meynard, Petit, Sallandrouze, Schlumberger* et *Yvart*.

2. Métaux et substances minérales: MM. *Dufaud*, président, Berthier, de Bonnard, Combes, d'Arcet, Dumas, Du-

rand, Héricart, M. Chevallier et Mouchel de Laigle.

3. MACHINES ET USTENSILES AGRICOLES; MM. le baron Dupin, président, Combes, Durand, Griolet, Héricart, Kœchlin, M. Chevallier, Payen, Pouillet, baron Séguier, Tarbé de Vaux-Clairs et Yvart.

4. INSTRUMENS DE PRÉCISION ET DE MUSIQUE: MM. Mathieu, président, Pouillet, Savart, Savary, baron Séguier.

5. ARTS CHIMIQUES: MM. le baron Thénard, président, Berthier, Brongniard, Clément-Désormes, Chevreul, d'Arcet, Dumas, Gay-Lussac et Payen.

6. BEAUX-ARTS: MM. Fontaine, président, Baudin, Blanqui, Brongniart, P. Delaroche, L. de Laborde, Renouard et Sallandrouze.

7. ARTS CÉRAMIQUES: MM. Brongniart, président, Barbet, Bosquillon, Carez, Clément-Désormes, Dumas, L. de Laborde, Legentil, Meynard, Payen, Petit, Renouard et Sallandrouze.

Le 30 avril, le roi inaugura l'exposition, et depuis cette visite la famille royale n'a cessé d'encourager les exposans par des achats ou d'autres visites.

Les travaux du jury furent très actifs; les procès-verbaux des commissions particulières occupèrent un registre de 120 pages in-folio. Il s'adjoignit plusieurs membres dont la spécialité devait ajouter à ses lumières; nous citerons, dans la commission des instrumens de précision et de musique, MM. Auber, B[illegible]hot, Berton et Gallay, et M. Jules Cloquet, pour la chirurgie. Les travaux du jury furent transmis le 21 juillet, et le 28 juillet eut lieu la distribution des récompenses, par le roi, dans la salle du trône. M. le baron Thénard adressa à sa majesté un discours par lequel il constate les nombreux progrès qu'a faits l'industrie en France, depuis 1830.

Le roi y répondit avec effusion et en souverain qui avait profité des visites faites sur les lieux pour justement apprécier les progrès dont on venait de lui présenter un tableau vrai et brillant.

§ 3 *Coup d'œil général sur l'exposition de* 1839.

Cette exposition est sans contredit la plus remarquable de celles qui ont existé jusqu'à ce jour, non seulement à en juger par le nombre des exposans qui l'emporte sur tous les autres, mais encore par l'importance des améliorations et des perfectionnemens apportés dans l'industrie française. Les espérances qui avaient été justifiées par le concours de 1834, se sont réalisées en 1839; d'immenses progrès ont été faits dans les cinq années qui se sont écoulées entre ces deux époques. Voici ce que disait M. le baron Thénard, président du jury central dans son discours au roi.

» La filature de la laine à la mécanique nous est complètement acquise; celle du lin ne tardera pas à l'être; plus de 50 usines construisent des machines à feu d'une force ordinaire; on les compte par milliers. Les machines à papier continu ont été portées à un si haut degré de perfection, qu'elles s'exportent au loin. Le métier à la *Jacquart*, si utile, a reçu de nouveaux perfectionnemens. Un ingénieux mécanisme faconne le bois en meubles, en ornemens, en bois de fusil, etc., avec autant de rapidité que de précision. D'excellents chronomètres se paient moins qu'en 1834. Les puits forés ont été l'objet de nouveaux essais dignes d'encouragement. La France produit aujourd'hui des aiguilles qui rivalisent avec les aiguilles anglaises. Deux nouveaux produits ont apparu : la bougie stéarique et la teinture en bleu de Prusse, qui doit remplacer celle de l'indigo. Les cristaux d'aujourd'hui l'emportent sur les cristaux étrangers ; il en est de même des vitraux. Le problème de la fabrication du flint-glass et du crown-glas est désormais résolu. Un grand pas a été fait dans les moyens de décorer la porcelaine et d'ajouter à sa valeur. Des pierres lithographiques, d'une qualité supérieure, ont été découvertes en France. Les marbres des Pyrénées font maintenant des exportations considérables. Le plomb se soude sur lui-même ; le fer est préservé de la rouille ; le bronze laminé double nos vaisseaux et leur assure plus de durée que le cuivre ; le nitre se prépare en concurrence avec celui qui nous vient de l'Inde. Nos indiennes, nos soieries, nos châles se vendent toujours à Londres ; nos mousselines ont repoussé du marché français les mousselines Suisses. Tout porte à croire, que d'ici à 10 ans, la France sera délivrée du tribut qu'elle paie à l'étranger, pour l'éducation des vers à soie, et qui s'élève à 40 millions par an. La fabrication de la fécule s'élève actuellement à 6 millions de francs par an. Aujourd'hui l'Angleterre achète ses cuirs vernis en France. Nos maroquins obtiennent la préférence sur tous les marchés, etc. etc., etc. »

Le département de la Seine, Paris spécialement, a donné, en 1839, les 5 neuvièmes des exposans. Parmi les départemens qui ont envoyé leurs produits, on a remarqué les échantillons de soie du Gard, de l'Isère, de Vaucluse, de l'Ardèche et de l'Ain. Pour les échantillons de laine, Mulhouse, Rouen et Tarare se sont distingués; Sédan, Elbœuf, Louviers et Carcassonne ont envoyé des draps magnifiques. Les papeteries d'Angoulême, d'Annonay, d'Auvergne, du Loiret et de l'Eure, ont envoyé des échantillons qui constatent d'immenses progrès dans cette fabrication. Nous citerons aussi les cristaux de Lorraine, de la Saône et de l'Oise; ainsi que les fers travaillés de la Haute-Marne, de la Nièvre et du Cher, etc., etc.

§ 4. *Description des salles.*

Il y a loin de la disposition des salles où sont exposés les produits de l'industrie, à celle qui existait jadis, où elles ne consistaient qu'en une sorte de portique ou galeries à jour, sous lesquelles étaient rangées les boutiques des exposans, closes d'un côté et ouvertes de l'autre, comme à la foire de Saint-Cloud. C'est ainsi qu'on les a vues, en 1798 au Champ-de-Mars, et en 1801 aux Invalides.

Sous le rapport architectural, cette disposition n'était pas sans attrait; elle se mariait parfaitement avec l'ensemble des fêtes nationales dont elle faisait partie. Mais elle était plutôt foraine que spéciale ; elle ne satisfaisait pas à tous les genres d'industrie, et nombre de produits n'y étaient point appréciés à leur juste valeur par la difficulté d'approcher des objets, et l'impossibilité de procéder à aucune expérience. Les variations de température, qui surviennent si fréquemment dans notre climat, furent encore une des causes les plus impérieuses des changemens qu'il fallut apporter dans la construction des galeries. Aussi plus tard reconnut-on la nécessité de les transformer en des salles closes de toutes parts, où les exposans et le public étaient en même temps à l'abri. Toutefois, la nature des localités choisies avait encore obligé de les séparer. L'affluence n'y était pas égale. Les visiteurs fatigués par la presse qu'ils y éprouvaient, et redoutant le trajet de l'une à l'autre, sur une place rétrécie où la circulation des voitures ne pouvait être interdite, ne faisaient leur examen qu'imparfaitement, et au grand détriment de l'industrie, qui ne recueillait point ainsi les fruits complets de l'exposition publique. Ces inconvéniens sont ceux que l'on a remarqués aux quatre pavillons qui furent élevés sur la place de la Concorde à la dernière exposition.

En 1839, M. Moreau, architecte du gouvernement, a été mis plus à l'aise par le choix de l'emplacement du grand Carré des Champs-Élysées. Cette vaste enceinte, si bien située au milieu de la plus grande promenade des parisiens, lui a permis de donner au bâtiment toute l'extension qu'il comportait.

Instruit par l'expérience des années précédentes et par les études qu'il avait déja faites de ce genre de construction, M. Moreau est arrivé à réunir toutes les conditions qui lui sont nécessaires, et dont la plus essentielle était de rassembler sous un même toit les diverses localités consacrées à l'exposition.

Non seulement il a satisfait à cette donnée si impérieuse de son programme ; mais il l'a remplie de la manière la plus heureuse, en donnant à chaque section l'étendue convenable, et à chaque industriel l'espace dont il avait besoin, et de plus, en disposant l'ensemble de telle sorte que, sans encombrement ni confusion, le public peut jouir d'un seul coup-d'œil de l'aspect général de l'exposition (voir pl. 1 à 8, représentant le plan d'ensemble et des quatre divisions principales). Rien de plus magnifique, ni de plus imposant que le tableau qui s'offrait aux regards du spectateur, dès son entrée dans l'édifice. Toutes les richesses de notre industrie se présentaient à la fois, et excitaient également l'admiration de l'observateur. Son embarras eut été grand s'il n'avait dû obéir qu'à sa première impulsion pour procéder à son examen ; mais l'ordre admirable qui a présidé à l'arrangement intérieur des divisions le tira bientôt d'incertitude, et lui indiqua la marche qu'il devait suivre dans sa tournée.

Extérieurement, l'ensemble de l'édifice offrait l'aspect d'un bâtiment compacte, de forme parallélogrammique, ayant 185 mètres de face sur 82 mètres de profondeur. La façade était tournée parallèlement à la grande avenue des Champs-Elysées. Elle offrait cinq ouvertures principales, dont quatre répondaient aux axes des quatre divisions dans lesquelles étaient classés les divers produits des exposans; et la cinquième occupait le point milieu de l'édifice, et donnait accès à sa partie centrale. Cette dernière était décorée d'un péristyle saillant, qui distinguait et annonçait l'entrée principale.

Les entrées des quatre grandes salles spéciales avaient deux issues, l'une d'accès, l'autre de sortie, pour éviter la confusion. Les portes étaient pratiquées dans un vitrage de même étendue en hauteur et largeur que les salles intérieures. Par ce moyen, l'édifice était éclairé et aéré au dedans aussi bien que sa destination l'exigeait.

Le style de la façade était simple et élégant tout à la fois, l'architecte n'a eu recours pour sa décoration qu'aux seuls élémens de la construction. L'acrotère continu qui couronnait la façade était divisé par compartimens, où étaient placés des inscriptions et des bas-reliefs en grisaille, qui annonçaient aux visiteurs la répartition et le classement des objets placés à l'intérieur. Les bas-reliefs, ingénieusement conçus par l'architecte, ont été exécutés avec bonheur par M. Gosse, dont le talent est apprécié par le public.

Les différentes branches de l'industrie sont représentées par des enfans ou petits génies, exécutant eux-mêmes les opérations manuelles et théoriques qui ont amené ces riches productions. Ainsi du dehors même de l'édifice l'exposition s'annonçait, et le public pouvait déjà se former une idée de l'ordonnance de la belle collection qu'il était appelé à juger (voir la planche 9 et 14, où sont représentées les allégories des arts et métiers). Elles sont les mêmes que celles qui décoraient les entrées des pavillons élevés pour l'exposition de 1834. Les dessins gracieux et corrects ont plû à tous les connaisseurs, et nous les reproduisons ici pour ceux qui n'ayant pas les quatre volumes que nous avons publiés sur l'exposition de 1834, voudraient avoir ceux de l'exposition de 1839.

Mais c'est à l'intérieur que se déployait toute la magnificence du spectacle auquel le visiteur était convié. La disposition la plus remarquable, et en même temps caractéristique, du bâtiment élevé en 1839, était la grande et belle galerie transversale qui occupait toute l'étendue de la façade, et qui servait de vestibule commun aux cinq grandes divisions dont l'édifice se composait. C'est de là que l'œil plongeait en même temps dans toutes ses parties, et que l'esprit embrassait d'un seul jet les innombrables ressources du génie nationale dans tous les genres, quelles que fussent leur complication et leurs difficultés.

C'est en partant de cette espèce de grand foyer,

et en y revenant sans cesse, que l'observateur pouvait successivement parcourir toutes les galeries. S'il commençait par une des extrémités, et qu'il fut parvenu à l'autre bout, il avait passé en revue toutes les sections, sans qu'aucun objet lui eut échappé. Ce résultat était, sans contredit, le plus important à obtenir. Il est bien entendu que cela n'empêchait pas le visiteur, que la curiosité ou des raisons particulières attiraient vers un point déterminé, de s'y transporter directement. Nous n'avons pas besoin de dire que les dispositions spéciales à chaque salle avaient été combinées avec autant de justesse que de convenance ; les arrangemens de détail ont dû se présenter comme d'eux-mêmes à l'artiste qui en avait si bien conçu l'ensemble.

Les combinaisons du plan général amenaient nécessairement des cours entre les salles d'exposition, d'où celles-ci tiraient leur jour et leurs moyens de ventilation. Ces cours ont fait ressource pour placer les modèles qui sont de grandeur d'exécution, et qu'on pouvait ainsi expérimenter à part sans causer d'encombrement.

Nous devons faire remarquer que, bien que la disposition du nouveau pavillon de l'industrie eût été méditée sous le point de vue le plus large et le plus grandiose par rapport à sa destination, cependant l'architecte n'est point sorti des limites convenables relativement à la décoration.

Rien n'était de luxe parasite dans tout cet ensemble, et les moyens d'exécution avaient été subordonnés à ce qu'exigeait une construction temporaire dont la dépense était fixée. Nous n'hésitons point à dire qu'entre tous les objets nouveaux dont l'industrie française s'est enrichie en 1839, le bâtiment qui les recevait était lui-même une production remarquable des arts, qui prouve que le bel art de l'architecture est en voie de progrès, qu'il devra principalement à l'exacte observation des convenances et des besoins de l'époque.

Nous avions préparé dès l'ouverture de l'exposition un plan figuratif de ces salles, au moyen duquel chaque exposant aurait reconnu sa place qui lui était assignée dans les quatre divisions principales où l'exposition était circonscrite. Ce plan eut été à la fois un guide sûr pour se diriger dans les endroits même les plus cachés des salles, et un monument gravé des produits de chaque exposant, le plus propre à lui faire honneur et à être compris dans les titres précieux que l'on conserve dans les familles. Mais par un désappointement très facheux pour nous, au moment de le publier, sont survenus des changemens tellement importans par l'addition des salles et des localités supplémentaires (voyez sur le plan les salles nº 5 et nº 6), que réclamaient avec instance les diverses productions de Mulhouse et d'autres trop étroitement classées, qu'inopinément nous avons été placé dans la pénible alternative ou de publier une carte tout à fait incomplète, ou d'attendre que les produits du département du Haut-Rhin fussent arrangés.

Quelqu'activité que nous ayons pû mettre, la carte n'a été achevée que la veille de la clôture de l'exposition et après avoir dépensé 1200 fr. au-moins pour ce seul objet, il a fallu, au lieu de la placer utilement, mettre la carte en portefeuille jusqu'au moment où nous pourrions la joindre au texte publié aujourd'hui.

On nous a vivement sollicité pour la vendre séparément, nous nous y sommes refusé, désirant que les exposans en aient les prémices. Nous ferons seulement remarquer que si nous n'avions consulté que nos intérêts, nous l'eussions séparée du corps de l'ouvrage, et qu'au prix de 5 fr elle nous eût fait rentrer dans nos déboursés. Nous avons préféré la comprendre dans le prix de 20 fr. assigné à la publication de la description complète de l'exposition de 1839.

Explication de la carte statistique et nomination des exposans (voir pl. 1 à 8).

Une telle carte était indispensable. Nous l'avons rendue aussi complète que possible. Elle est plus exacte que le texte, parcequ'elle a été faite la dernière. Son échelle est telle, que les détails et l'ensemble se saisissent facilement. Notre fil d'*Ariane* est ici la réunion des lignes ponctuées, tracées sur le plan dans chaque salle. En regard sont les *noms des exposans*. Nous eussions vivement désiré les y mettre tous ; mais l'espace ne nous l'a pas toujours permis. Quelques-uns étaient trop longs pour les graver ; d'autres nous eussent forcé de changer la place respective qu'ils devaient avoir entre eux ; car on remarquera que les noms ne sont pas posés au hasard ; ils sont en général placés à l'endroit même où étaient exposés les objets, ou dans un voisinage assez rapproché pour que chacun reconnaisse sa position.

Nous espérons que le fruit de nos peines ne sera pas perdu, et, si nous devons en croire les éloges qu'un grand nombre d'exposans ont accordés à ce travail consciencieux, cette carte sera recherchée, et chaque exposant voudra l'avoir dans son cabinet ou dans sa manufacture...... « *J'assistais à cette fête de l'exposition*, pourra-t-il dire à ses fils, *et la preuve c'est que voilà mon nom gravé sur cette carte dressée sur les lieux, sous les yeux de l'autorité, et qui a un caractère officiel.* »

Pour l'exposition de 1834, nous avions exécuté un semblable travail, mais sur quatre plans séparés. Pour 1839, il eut été trop long de graver séparément sept plans divers, et il nous a paru plus pittoresque de réunir toutes les galeries sur un seul plan.

C'était une justice de rappeler en tête que cette exposition, faite à Paris, l'avait été sous l'administration de M. le comte de Rambuteau, préfet de la Seine : car ce magistrat montre en toute occasion la plus vive sollicitude pour les inventions et les perfectionnemens propres à embellir ou à assainir la capitale, et à améliorer le sort des classes pauvres. C'est l'objet constant de ses études et de ses travaux.

Le lecteur vient d'être mis au courant des brillans préliminaires de l'exposition. Il nous reste maintenant à remplir la tâche la plus difficile, celle de faire passer sous ses yeux un personnel de 3,3[illegible]1 exposans et plus de 100 mille objets différens, présentant à leur tour sous le rapport de leur construction et de leur confection, des milliers de nuances, propres à caractériser leur mérite, tant pour l'industrie, l'agriculture et les beaux arts, que pour l'influence que chacun de ces objets exerce dans la carrière des progrès.

Faisons des vœux pour que la bienveillance et l'encouragement des exposans et des industriels, nous soutiennent pour remplir dignement notre tâche !

Ire DIVISION.—Tissus.

On sait que l'on peut porter à 5 les matières textiles employées dans la fabrication, et que ce sont : la laine, la soie, le coton, le chanvre et le lin.

Chacune d'elles correspondra à une division, excepté le chanvre que nous mettons dans la division du lin.

Une 5ᵉ partie sera consacrée aux blondes, dentelles, tapis, bonneterie, etc., manufacturés par des produits différens, soit avec les matières désignées plus haut, soit avec du caoutchouc, du crin, du poil ou autres matières.

Iʳᵉ PARTIE. LAINES ET LAINAGES.

Iʳᵉ SECTION. — *Améliorations des laines.*

On s'accorde pour classer aujourd'hui les laines dans 3 grandes divisions : la 1ʳᵉ comprend la *laine commune* ou *laine indigène*, employée aux matelas, couvertures, tapis, objets de bonneterie et de passementerie. — La 2ᵉ, dite de *carde*, supérieure à la 1ʳᵉ parce qu'elle provient de races améliorées ou croisées par les mérinos. Elle sert à la draperie ou aux étoffes fortes. — La 3ᵉ, appelée laine *peignée* parce qu'elle est propre au peigne, sert aux étoffes rases ou non foulées.

On concevra sans peine que les fabricans qui ont besoin de la 1ʳᵉ espèce de laine, n'en trouvent que dans les localités où il est difficile ou presque impossible d'en former d'autres, attendu que c'est l'espèce que les agriculteurs ont le moins d'intérêt à produire. Les moutons ne donnent pas plus de fumier ni d'autres produits, tels que viande, suif, etc., que les mérinos ou les métis ; le prix de leur toison varie de 3 à 4 fr., tandis que les autres présentent des produits 3 et 4 fois plus élevés en poids et en argent.

Il résulte de là que les fabricans des objets indiqués plus haut, pour suffire à leur consommation, sont obligés de tirer de l'Etranger tout ce qui leur manque.—Pour cette espèce, il n'y a guères de progrès réclamés.

Il n'en est pas de même pour la 2e espèce (*laine de carde*); le progrès ne saurait trop s'étendre, car la qualité du drap ou de l'étoffe sera en raison directe de la qualité de la laine; le pauvre comme le riche pourront avoir du drap meilleur, plus chaud et le prix ne frappera que sur le plus ou moins de finesse. Les agriculteurs français ne sauraient trop faire d'efforts pour éloigner la concurrence des laines d'Allemagne et de la Hongrie que nos fabriques consomment déjà en assez grande quantité; et le gouvernement devrait adopter de son côté un mode plus rationnel pour la perception des droits de douane et d'octroi. Il est établi par tête d'*animal* d'où il suit que les éleveurs mettent en 1re ligne le *poids*, et en dernière la qualité de la toison.

La laine de peigne se mêle aujourd'hui à la soie, au coton, au cachemire, et elle s'emploie pure dans la confection de beaucoup d'articles. Ce sont les moutons anglais qui fournissent les meilleures, les plus lisses, les plus soyeuses et les plus longues mèches. — Les éleveurs ont besoin de mettre de la persévérance dans leurs travaux pour nous alléger tôt ou tard de l'impôt que nous font subir pour cet objet les pays étrangers..... En attendant, l'exposition de 1839 a constaté 2 faits : le 1er c'est qu'il y avait 19 propriétaires de troupeaux qui avaient exposé des échantillons de laine mérinos ; le 2e c'est que grâce aux améliorations introduites par les bergeries de *Naz*, on peut fournir en France d'aussi belles laines que celles de Saxe, dites *électorales*.

Le jury central a émis le vœu que le ministre du commerce fasse dresser un *état statistique* des productions des diverses sortes de laines en France, et que des *manuels* fussent mis entre les mains des bergers, des fermiers, des éleveurs, à l'effet d'éclairer leur pratique basée plutôt sur une routine que sur des principes sains et reconnus. Mais ce qui aurait la plus heureuse influence sur tous les établissemens en général, ce serait de voir nos grands propriétaires, nos pairs de France se livrer un peu plus qu'ils ne le font à la vie agricole ; l'Autriche, la Hongrie leur offrent de beaux exemples à imiter, car là, les grands seigneurs, les magnats s'occupent personnellement de leurs établissemens....... Le prince *Esterhazy* connaissait parfaitement le nombre exact des bergers placés dans ses immenses possessions, et il ne croyait pas déroger ni à sa noblesse, ni aux hautes fonctions qu'il occupait à sa cour et dans les cours étrangères, en parlant de ses haras, de ses troupeaux et des améliorations qu'il prescrivait chaque année (1).

(1) Un jour, un jeune lord, infatué d'un riche héritage

Après ces considérations générales, passons à l'examen des exposans classés dans la section qui nous occupe.

1 (1841) MM. *Perrault de Jotemps* et *Girod* (de l'Ain).—Ces exposans, propriétaires des troupeaux de Naz (arrondiss. de Gex, Ain), ont été mis hors du concours, M. Girod étant membre du jury central.

2 (1939). M. *de Polignac* (comte Hérode), à Outreboise (Calvados).—Son troupeau compte environ 7 mille bêtes, et les laines qui en proviennent sont toujours fort recherchées.—Rappel pour la 3e fois de la médaille d'or.

3 (2888). M. *Dupreuil de Pouy* (Aube).—Les vastes bergeries de Pouy sont citées comme des modèles; elles renferment 3,200 bêtes et fournissent des produits d'excellentes qualités.—On a fait emploi des béliers de Naz.—médaille d'or.

4 (2894). M. *Massin*, à Vandeport (commune de Villeloup, Aube).—Cet exposant s'était déjà distingué à l'exposition de 1834.—Ses laines sont superfines.—Rappel de la médaille d'argent.

5 (1996). M. *Monnot le Roy*, à Pontru (Aisne).

---

qu'il venait de faire, parlait avec emphâse, devant ce prince, du nombre de moutons qu'il possédait : « Je suis, dit-il, le » plus riche propriétaire de moutons, car j'en compte bien » 10 mille. » « Vous vous trompez sans doute, reprit le prin» ce, car moi je compte dans mes domaines autant de bergers » que vous avez de moutons. »

—Son troupeau s'est encore amélioré depuis 1834. Les laines ont beaucoup de moelleux et de finesse.—Rappel de la médaille d'argent.

6 (1681). M. *Maitre* (Joseph), à la Villotte (Côte-d'Or).—Son troupeau, tout entier de race Saxonne, s'est perfectionné, grâce à ses soins et à son habileté.—Rappel de la médaille d'argent.

7 (1680). M. *Godin* aîné, à Châtillon (Côte-d'Or).— Son troupeau n'en formait autrefois qu'un seul avec celui de M. Maitre.—Il mérite les mêmes éloges.— Rappel de la médaille d'argent.

8 (3121). M. *Ganneron*, à Bussy-St-Georges (Seine-et-Marne).—En 1834 son troupeau était de 1500 bêtes, il est porté aujourd'hui à 2 mille. —Ses toisons sont remarquables.— Rappel de la médaille d'argent.

9 (1676). M. *Basile* (Maurice), à Châtillon (Côte-d'Or).—Son troupeau, porté à 3200 bêtes, fournit des laines belles, bien tassées et remarquables par leur propreté.—Médaille d'argent.

10 (2182). M. *Caille*, à Varastre près de Lieusaint (Seine-et-Marne).— Son troupeau est de 800 bêtes. Les laines ont de la douceur, du nerf et les mèches sont très fournies.—Médaille d'argent.

11 ( ). M. *Auberger*, à Malassis (Seine-et-Marne).—Il a exposé 4 toisons de belle et bonne qualité.—Médaille d'argent.

12 (3183). M. *Houdeville*, à St-Denis-d'Aclon,

près Dieppe (Seine-Inférieure). — Depuis 1834 il a fait de louables efforts. — Son troupeau est de 700 bêtes et il est un des plus beaux de sa contrée. — Médaille d'argent.

13 (1986). M. *Graux*, à Mauchamps (arrond. de Laon, Aisne). — C'est le seul propriétaire qui ait exposé de la laine de peigne. — Il possède un troupeau de 200 bêtes, dans lequel il a propagé une variété de types très remarquables (1). On fait avec les dépouilles des tissus unis, d'une grande souplesse et finesse. — Il faut maintenant que le but des efforts de M. Graux soit de fixer ce type de manière à être toujours reproduit. — Médaille d'argent.

14 (3362). M. *Bernier* père, à May (Seine-et-Marne). — Son troupeau est de 1000 bêtes et les toisons fournies sont de bonne nature. — Médaille de bronze.

15 (869). M. *Daublaine*, à Moncets (Marne). — Il se présente pour la 1re fois au concours. — Son troupeau est peu nombreux, mais la laine rivalise avec ce que l'exposition offre de plus superfin. — Mention honorable.

16 (3353). M. *Dessoffy* (comte), à Val-d'Essais (Marne). — Idem. — Médaille de bronze.

17 (3354). M. *Ponsart* (le docteur), à Omey (Marne). — Idem. — Médaille de bronze.

---

(1) Voir ce que nous avons dit, page 51, tome Ier de la description de l'exposition de 1834.

18 (2183). M. *Beauvais*, à Gastins (Seine-et-Marne).—Son troupeau est de 1000 bêtes. La laine exposée est de bonne nature ; présente du tassé et de la propreté.—Mention honorable.

19 (2184). M. *Garnot*, à Gastins.—A également exposé des laines mérinos qui réunissaient plusieurs qualités.

IIe SECTION. — FILAGE DE LA LAINE.

Laine peignée.

Les progrès rapides qu'on a fait depuis 30 ans dans cette industrie sont dus principalement à ceux de machines qu'on a appliquées au filage à sec de laines peignées.— Les pays étrangers ont été obligés de recourir aux talens de nos mécaniciens pour importer ce genre d'industrie, et ils doivent beaucoup à la coopération que leur a prêtée M. Flint fils, de Gouvieux, dép. de l'Oise. — On sait que c'est avec les fils de laine peignée qu'on tisse une foule d'étoffes légères; des mousselines toutes laine ou laine et coton mélangés, et qu'on en consomme une quantité immense.— L'accroissement de cette industrie est tel qu'en 1827 il y avait 7 établissemens représentant 10 mille broches, tandis qu'en 1839 on en compte 10, représentant 60 mille broches, fournissant 700 mille kilogrammes de fil par an (laine peignée pure), et produisant 14 à 15 millions de francs.

Le *tibet* provient des filatures de mélanges de laine peignée avec la fantaisie en rame. Il y a aussi progrès marqués dans cette 2ᵉ application du filage.

Plusieurs exposans ont envoyé des échantillons de laines peignées, ce sont :

20 (3061). M. *Arnaud* (Isaac) cadet, à Nismes.

21 (2223). M. *Channosset* et Cie, à Châlons (Marne), dont les nos 1, 3 et 4 étaient triples; le nº 5 double et les nos 2, 6, 7 et 8 simples.

22 (3059). M. *Cabrit* (Théodore), à St-André de Valborgne (Gard).

23 (2426). M. *Facquet*, à Vergies (Somme).

24 (3090). Maison centrale à Nismes (Gard).

25 (2749). *Paugam* (Réné-Auguste), à Brest (Finistère).

Tous attestent à des degrés différens les progrès que l'industrie fait dans cette branche de notre agriculture.

Laine cardée.

Les fils provenant des laines cardées ont été long-temps et exclusivement employés à la confection des draps et des casimirs. Maintenant on fait aussi avec des étoffes légères, dont le nombre s'est augmenté au fur et à mesure que le filage s'est perfectionné.— Ces fils ont aussi remplacé souvent le cachemire dans la fabrication parisienne.— On a introduit une grande économie dans la production en adoptant les métiers appelés *Mull-Jennys*, ayant depuis 120 jusqu'à 260 broches.

26 (27). M. *Griolet*.—Filature à Paris.—Il n'a pu concourir, faisant partie du jury.

27 (32). M. *Prévost*, avenue Parmentier, 9, à Paris.—Cet habile exposant a formé un établissement où sont 15 mille broches.—Ses laines peignées sont d'une grande finesse et ses prix modérés.—Médaille d'or.

28 (2228). MM. *Camu* fils et *Croutelle* neveu, à Pont-Givart, par Reims (Marne).—Leur établissement est un des plus importans de France, et on pourrait ajouter qu'il devrait servir de modèle à beaucoup d'autres.—Rien n'est plus ingénieux, ni plus philantropique que le mode adopté par les propriétaires, pour s'attacher les ouvriers qu'ils emploient, et pour leur donner, avec l'aisance, le goût du travail et des économies. — Ils ont commencé par faire construire des petites maisons avec un jardin, pouvant loger une famille.—Les ouvriers y ont été logés après en avoir fa t l'acquisition.—Le prix modéré est retenu sur leur salaire.—Des fournisseurs de toutes espèces, appelés dans la localité, procurent les denrées de 1re nécessité. Ils sont surveillés et leurs avances sont garanties; de telle sorte que l'ouvrier n'a qu'à s'occuper de son travail; le besoin ne peut jamais l'atteindre.

— Les produits exposés ont été reconnus d'une régularité et d'une netteté parfaites.—Médaille d'or.

29 (2218). MM. *Lucas* frères, à Bazancourt, près Reims.—Ils occupent le 1er rang parmi les filateurs de Reims.—Ils font mouvoir 3,600 broches et 7,500 pour la laine cardée.—Médaille d'or.

30 (1837). MM. *Dobler* et fils, à Tenay (Ain). —Ils fabriquent principalement et avec économie des fils dits *Tibets*, qu'ils envoient à la fabrique de Lyon.—Rappel de la médaille d'argent.

31 (1836). MM. *Lardin* frères, à St-Rambert (Aisne).—Comme les précédens, ils ont exposé des *Tibets* très fins et très réguliers.—Rappel de la médaille d'argent.

32 (2387). M. *Carlos Florin*, à Roubaix (Nord). —Il possède une très belle filature de coton, où sont 3 mille broches à filer la laine peignée.—Ses produits sont remarquables.—Médaille d'argent.

33 (2221). MM. *La Chapelle* et *Le Varlet*, Reims (Marne). —Le peignage des laines, industrie déjà ancienne à Reims, y occupe un grand nombre de bras, généralement employés pour le compte d'établissemens dont quelques-uns sont considérables, et ont une véritable importance pour la ville où ils existent, et à la prospérité de laquelle ils contribuent pour une part notable. Ces établissemens étant en même temps consacrés à la filature des laines peignées et des laines cardées, ceux qui ont voulu concourir à l'exposition de 1839 auraient dû y envoyer des

fils de l'une et de l'autre espèce, afin qu'on pût comparer les degrés de perfection atteints par l'un et l'autre travail. C'est ce qu'ont négligé de faire MM. La Chapelle et Le Varlet, qui dirigent avec un grand succès un établissement de ce genre. Ils se sont contentés d'exposer des échantillons de fils de leurs laines peignées à la main et à la mécanique, n'ayant probablement pas d'autre but que celui de montrer la grande supériorité de celles-ci sur les premières. L'appareil mécanique employé dans cette filature est celui qu'a inventé M. John Collier, et dont sa veuve a le privilége. L'usage en est encore peu répandu. MM. La Chapelle et Le Varlet, qui sont au nombre de ceux qui s'en sont servis les premiers, sont parvenus, au moyen de quelques modifications qu'on y a faites dans leur filature, à filer plus facilement les laines courtes du pays, de sorte qu'ils sont maintenant en état de fournir pour chaque numéro, et sans changer de prix, du fil de qualité bien supérieure en lainage à celle du fil des numéros correspondans, fait avec la laine peignée à la main.

Les échantillons produits par la filature de MM. La Chapelle et Le Varlet consistent : 1° en quatre paquets de fil de laine de pays pour chaîne, peignée à la main, composés chacun de 120 échevaux : le fil de chaque paquet a le même degré de finesse, et le prix des fils pris en fabrique est établi, à raison de cette finesse, à 20 fr. 50 c., 22 fr., 23 fr. 50 c. et 25 fr. le kilogramme ; 2° en un paquet de fil de laine de pays pour chaîne, et peignée à la mécanique, composé de 120 écheveaux de fil de la même finesse, mais beaucoup plus beau en lainage, quoique établi au même prix de vente que la qualité de fil peigné à la main, portée plus haut à 22 fr. le kilo ; 3° en quatre paquets de fil de laine de pays pour trame, et filée à la main, composés de 120 écheveaux dans les prix de 21 fr. 50 c., 24, 25 et 37 fr. le kilo, à raison du degré de finesse du fil de chaque paquet ; 4° en un paquet de 120 écheveaux de fil de laine pour trame, peignée à la mécanique, également en laine de pays, et établi, malgré sa supériorité de lainage, au même prix que le fil du paquet peigné à la main, et porté à 24 fr. le kilo ; 5° en un paquet de 60 écheveaux de fil pour trame, en laine de Soissonnais, filée d'une grande finesse, et cotée à 42 fr. le kilogramme : ces Messieurs n'ont exposé que 60 écheveaux de cette trame, parce qu'une partie de cette trame a été employée dans les échantillons de tissus joints à leur envoi ; 6° en une bobine, résultat du peignage mécanique ; 7° enfin en un coupon de satin-laine broché, et un échantillon de mérinos dont la trame provient de la laine du Soissonnais filée très fin, et cotée à 42 fr. le kilogramme ou les 200 écheveaux. Ces deux échantillons, faits sur les métiers d'un fabricant de Reims, prouvent évidemment que ce fil, quoique extrêmement fin, peut être employé à différens tissus de prix.

Les prix que nous avons assignés aux différentes qualités de fils sont ceux qu'ont indiqués MM. La Chapelle et Le Varlet lors de leur envoi. C'étaient ceux établis et courans au mois de janvier 1839 ; mais il est depuis survenu une baisse dans la plupart des transactions commerciales, et il n'est pas douteux que, tant que la crise qui l'a occasionnée ne sera pas terminée, les fils de laine, comme toutes les marchandises, éprouveront une diminution de prix à laquelle les filateurs de Reims se soumettront comme les autres fabricans.

La filature de laines cardées de MM. La Chappelle et Le Varlet existe depuis 1811, et ses produits sont assez connus et recherchés dans le pays pour que ces habiles industriels aient jugé inutile de les faire figurer à l'exposition. Cet établissement occupe avec celui des laines peignées plus de 300 ouvriers, dont la moitié à peu près est employée à chacun de ces deux genres de travail. Appréciés, comme ils méritent de l'être, par les habitans de Reims les plus en état de les juger, MM. La Chappelle et Le Varlet ayant exposé des produits de leur filature à l'exposition particulière faite à Reims en 1836, il leur fut décerné une médaille d'argent à titre d'encouragement et de récompense pour les progrès qu'ils avaient contribué à faire faire à une industrie qui forme une des principales sources de richesse pour le département de la Marne. Le jury central les a reconnus en effet très dignes de a médaille d'argent.

34 (1838). MM. *Sourd* père et fils, à Tenay (Ain).—Ont exposé des échevottes de tibet et soie, trame n° 25 à 210, chaîne n° 40 à 110. Ils dirigent une manufacture très importante où l'on compte 4 mille broches. Quoique leurs produits aient toutes les qualités désirables, les prix sont modérés et on peut ajouter que c'est avec raison qu'ils occupent dans cette industrie le premier rang.— Médaille d'argent.

35 (1835). MM. *Vachon* et Cie, à Nantua (Ain). —Cette maison a exposé des fils tibet (laine et soie) de différens nos, de la laine pure et fantaisie; les produits de cette filature sont livrés à la fabrique de Lyon.

Le jury a pu se convaincre de la *bonté* et de la *régularité* de ces fils, qui tous sont éprouvés à la sortie de la filature, au moyen d'un dynamomètre propre à constater leur force.

Cette machine, de l'invention de M. Montanier, l'un des associés de la maison et pour laquelle il a été pris un brevet d'invention, a été présentée sur leur demande à plusieurs de MM. les membres, de la commission des fils et tissus, du jury central de l'exposition. Ils ont été à même de reconnaître l'utilité de cette invention ingénieuse, dont ils ont fait généreusement l'abandon à l'industrie du commerce.—La perfection de leurs produits leur a mérité la médaille d'argent.

36 (2214). M. *Wulliamy*, à Nonancourt (Eure). —C'est un homme de progrès et qui ne néglige rien pour ajouter à la perfection de ses produits qui étaient déjà très estimés en 1834.—Depuis il les a doublés au moyen de 100 ouvriers qu'il emploie.— Ses fils sont réguliers, d'une grande solidité et sont spécialement employés au *genre anglais*.—Médaille d'argent.

37 (1031). MM. *Gaigneaux* frères, rue Saint-Denis, 208.—C'est une des expositions les plus variées. Ils assurent avoir un procédé particulier au moyen duquel ils confectionnent des fils d'une foule de nos et qui servent à la passementerie, bonneterie, broderie, etc. — Ils sont les seuls producteurs des fils dits *cordonnets*, pour lisses des peignes et étoffes, chaîne soie.—Ils teignent dans leur établissement et ils ont pu baisser le prix de 15 p. 0|0.—La médaille d'argent leur était bien acquise, et le jury la leur a accordée.

38 (3321). MM. *Dubois* et Cie, à Louviers (Eure).—Ce qui prouve la supériorité des produits de cet exposant, c'est que beaucoup de fabricans d'Elbeuf se sont adressés à lui pour avoir des fils unis ou mélangés, propres aux diverses finesses de leurs tissus.—Ceux qu'il expose sont des fils en laine cardée, dégraissée, de divers nos et qualités.—Cet habile filateur est en même temps ingénieux constructeur de machines, et en 1834 il fit connaître celle à lainer les draps. —Pour ses fils le jury lui a accordé la médaille d'argent.

39 (2410). MM. *Le Jeune* et Cie, à Roubaix (Nord).—Il s'occupe principalement des laines peignées teintes, et a 2,500 broches dans son établissement auquel il peut donner une grande extension.— Médaille de bronze.

40 (643). M. *Petit,* rue de la Roquette, 67, à Paris.—Il a 2000 broches. Ses produits sont nets, réguliers et économiques. — Médaille de bronze.

41 (1973). M. *Cosnier* (Prosper), à Angers (Maine-et-Loire).—Il a montré beaucoup d'habileté dans les produits divers qu'il a exposés, tels que des laines peignées blanches et teintes, des fils doubles et moulinés à diverses couleurs, etc. — Médaille de bronze.

42 (1624). MM. *Cheguillaume* et Cie, à Cugand (Vendée).—Le jury du département a fait savoir que ce bel établissement était fondé depuis 1829, et qu'il peut prendre place parmi les plus beaux de ce genre.—Médaille de bronze.

43 (2219). Mlle *Charpentier*, à St-Souplet (Marne).—Elle fait avec les mains un fil plus parfait que ceux que confectionnent les mécaniques.—Celui qui était exposé avait 98 mètres au demi kilog. correspondant au no 140.—Médaille de bronze.

44 (641). M. *Billiet*, rue du Sentier, 19, à Paris.—Le peignage de la laine, à l'aide de procédés mécaniques, s'étend et se perfectionne de plus en plus, et le filage de ces mêmes laines peignées à la mécanique a été porté à des degrés de

finesse dont on ne concevait pas la possibilité en France.

L'économie en main d'œuvre et en perte de matière que procure ce mode de préparation des laines, tend à restreindre davantage chaque jour l'ancien usage de les peigner à la main. Parmi les industriels qui s'occupent avec succès du filage des laines peignées, on doit distinguer M. Billiet qui, indépendamment de ses maisons de Paris et de St-Quentin, possède deux filatures, l'une à Rhetel (Ardennes), l'autre à Wigneheis (Nord). Les trames et demi-chaînes pour trame dévidée en laine peignée depuis le n° 30 jusqu'au n° 90, et les chaînes simples et retorses ou doublées, également en laine peignée depuis le n° 25 jusqu'au n° 50, qu'il a exposées, ne laissent rien à désirer du côté de leur exécution, et peuvent rivaliser avec les produits des premiers établissemens en ce genre. Ceux qui sortent des filatures de M. Billiet servent à fabriquer des mousselines laines, des châles, des tissus mérinos, des alépines et autres articles de nouveauté. — Le jury lui a accordé une mention honorable.

45 (2159). MM. *Valés* (Léon) et *Bouchard*, à Ronquerolles, commune d'Agucts (Oise). — Ils ont exposé des laines filées pour bonneterie, broderie et mitaines, parfaitement confectionnées.— Mention honorable.

46 (1575). M. *Pequin*, à Cugand (Vendée).— Les écheveaux qu'il a exposés étaient bien filés et bon teint.—Mention honorable.

47 (3060). M. *Aubanel-Delpont*, à Sommières (Gard).—Cet industriel a donné un grand essor dans le pays qu'il habite, au peignage manuel de la laine.— Citation favorable.

48 (3340). M. *Revel* aîné, à Loge Fougereuse (Vendée).— Ses produits sont très modérés, car il livre le kilo au prix de 3 fr. 40 c.; le plus élevé va à 8 fr. 50.—Citation favorable.

49 (265). M. *Judas* (Remi), rue Cadet, 23, et rue Coquenard, 1.—A exposé de la laine cardée. Il y avait aussi des échantillons de crin cardé.

50 (3059). M. *Cabrit* (Théodore), à St-André de Valborgne (Gard).

51 (2426). M. *Facquet*, à Vergies (Somme).

52 (3061). M. *Arnaud* (Isaac), à Nismes (Gard).

53 (2749). M. *Paugam* (Réné-Auguste), à Brest (Finistère).

54 (2223). M. *Channosset* et Cie, à Châlons (Marne).

Tous ces exposans ont envoyé des laines peignées ou cardées, et d'après leurs produits, on peut affirmer qu'ils sont dans la voie du progrès. —Le no 54 a envoyé les nos 1, 3 et 4 triples.— Le no 5 double et les nos 2, 6, 7 et 8 simples.

IIIe SECTION.—TISSUS DE LAINE.

Nous ferons 3 paragraphes dans cette section; le 1er sera relatif aux étoffes drapées et foulées; le 2e aux tissus légèrement foulés sans être drapés; le 3e aux tissus non foulés. Les châles qui se fabriquent le plus souvent avec la laine se rattachent à cette section, mais comme c'est une industrie tout à fait à part, nous la classerons dans un 4e paragraphe.

§ 1er. *Etoffes drapées et foulées.*

La draperie doit ses progrès à plusieurs causes, et elles ont surtout été remarquées à l'exposition de 1839. Dans le nombre il faut admettre la finesse de la filature qui, depuis plusieurs années, a été en augmentant; la meilleure application des apprêts et surtout celui à la vapeur; une plus grande surveillance donnée à la manutention des foulons; une expérience plus approfondie des moyens mécaniques. Ces progrès se sont étendus du nord au midi, et on pourrait, sans exagération, les évaluer à 15 p. 0/0 de diminution, à quantités égales en prenant 1834 pour terme de comparaison.

Elbeuf occupe toujours le 1er rang dans la draperie;—ses machines peuvent s'évaluer à 600 chevaux;—sa consommation en laine va à 28 millions de kilos de laine lavée;—sa production est de 45 millions de fr.—Il fabrique les draps de toute qualité, depuis 10 jusqu'à 45 fr.

Louviers néanmoins conserve sa prééminence pour les *draps fins,* qui sont toujours hors de ligne. Cette ville a aussi abordé la confection des draps ordinaires.

Sedan a, dans son patrimoine, les *draps fins noirs* lisses et croisés, les casimirs noirs et blancs, et les draps teints en pièces en couleurs fines. Enfin, le midi continue à se livrer à la fabrication des draps moyens pour les classes pauvres.—Le drap croisé est de son domaine depuis des siècles.

La fabrication des draps s'est relevée, grâce à la mode qui a introduit dans toutes les classes de la société, diverses variétés, telles que les *cuirs laines,* le casimir croisé ou *satin,* les étoffes à poil dites *tartans* à carreaux ou à mouches.

§ 2°. *Tissus de laine légèrement foulés et non drapés.*

Les petits draps, destinés à l'impression, les flanelles, les étoffes à gilets en laine cardée, se soumettent au foulon.

Reims est la ville qu'il faut placer au 1er rang pour ces sortes de fabrication, et elle varie tellement ses assortimens qu'on peut les porter à 360 pour la laine cardée, à 66 pour la laine peignée; le tout représente en numéraire 66 millions, qui font vivre 100 mille ouvriers et entretiennent 1600 métiers, dont mille à la Jacquart.—C'est dans cette ville qu'on a aussi perfectionné la fabrication des *flanelles*, en supprimant leur *retrait*; qu'on a imaginé les châles tartans et kabyles et les étoffes à poil pour manteaux de dames.

§ 3e. *Tissus de laine non foulés, purs ou mélangés.*

On doit classer ici les mousselines de laine pure ou sur chaîne de coton, que fournissent les usines d'impression établies aux environs de Paris. — Ce tissu est toujours en vogue, et il se mélange avec la soie et le coton. — Nous citerons aussi le *stoff* d'origine anglaise qui occupe à Roubaix et à Turcoing un grand nombre de métiers à la Jacquart ; les *damas en laine* pure ou mélangée de coton et de soie ; les *satins laine* unis, l'*alépine* de couleur qu'a longtemps exploitée avec succès la fabrique d'Amiens ; les *escots*, les *tamises*, les serges.

Les étoffes à gilets sont une des spéculations de la ville de *Roubaix*, ville qui, depuis quelques années, a pris un développement immense et qui se prépare encore un long avenir, si elle sait exploiter avec sagesse tous les élémens de prospérité qu'elle réunit dans son sein.

Passons maintenant à la nomenclature des exposans qui appartiennent aux 3 paragraphes énumérés plus haut.

55 (1861). **MM.** *Cunin-Gridaine* père et fils, à Sedan. — M. Cunin-Gridaine père, remplissant les fonctions de ministre de l'agriculture et du commerce est hors de concours. — En 1844, nous verrons sans doute son fils se présenter, et

être digne de la réputation si honorable acquise par son père.

56 (3322). MM. *Jourdain* frères et fils, à Louviers.— On remarquait un cuir garance à 28 fr., chef-d'œuvre de fabrication ; — un drap piqué, matelassé pour paletot ; — il fabrique des draps très fins et des draps ordinaires.— Rappel de la médaille d'or.

57 (3223). MM. *Danet* frères et Cie, à Louviers.— Quoique frappé de cécité depuis 15 ans, M. Danet, avec une persévérance admirable, a continué à diriger son ancien établissement, et en a créé de nouveaux.— Il a exposé des draps depuis 18 jusqu'à 25 fr.— On remarquait un drap de 35 fr. non apprêté et d'une rare perfection. —Rappel de la médaille d'or.

58 (1860). MM. *Chayaux* frères, à Sedan. — C'est une des maisons les plus anciennes. — Il a exposé des draps noirs de 24 à 42 fr., des casimirs de 11 à 12 fr., des écarlates de 19 à 25 fr. — Rappel de la médaille d'or.

59 (3201). MM. *Chefdrue* et *Chauvreulx*, à Elbeuf.—Ils ont été des premiers à introduire la fabrication des articles de fantaisie, et ils possèdent à un haut degré la science de la fabrication.— Rappel de la médaille d'or.

60 (3199). M. *Grandin* (Victor), à Elbeuf. — Cette ville lui doit d'importans établissemens, où toutes les parties s'exécutent avec une rare perfection. Il fait de grandes exportations commerciales à l'étranger, où ses produits sont fort esti-

més et font honorer le nom français. — Rappel de la médaille d'or.

61 (3227). M. *Flavigny* aîné (Louis-Robert), M. *Flavigny* jeune (Charles-Robert), à Elbeuf.— Cette maison se fait remarquer par le goût qu'elle met dans les *mélanges*.—Les 2 fils, qui ont succédé au père, soutiennent honorablement la réputation de cette ancienne manufacture.— Rappel de la médaille d'or.

62 (1970). M. *Guibal* (Jean-Louis-Julien), à Castres.—Cette fabrique excelle dans les draps amazones et les cuirs-laines de 22 à 24 fr. ; — il fait très bien les draps de troupe.— Rappel de la médaille d'or.

63 (1626). M. *Fagès* (Jean-Louis), à Carcassonne.—Cette manufacture travaille principalement pour le Levant, et ses produits réunissent toutes les qualités qu'on exige dans ces contrées; — il fabrique aussi des draps lisses et croisés pour l'intérieur, et des flanelles de santé.—Rappel de la médaille d'or.

64 (3328). M. *Poitevin* fils, à Louviers.—Ses produits sont fort recherchés; ils sortent d'un établissement complet et où s'exécutent toutes les opérations surveillées par le fabricant lui-même.—Il a exposé des draps de couleur au prix de 19 fr. 50 à 25, et du drap bleu de 27 à 40.— Médaille d'or.

65 (2885). MM. *Bertèche*, *Bonjean* jeune et *Chesnon*, à Sedan.—C'est la maison dont les relations commerciales sont les plus étendues, et

elles sont établies avec les 2 mondes.— Elle emploie 350 à 400 métiers et fait des affaires pour 2 à 3 millions.—Ils ont une maison à Paris et une succursale à Elbeuf.—La médaille d'or avait été, en 1834, accordée à la maison Bertèche, Lambquin et fils. Depuis, elle s'est adjoint M. Bonjean, qui a ajouté à la fabrique, la confection des casimirs et des articles de fantaisie, et c'est ce qui motive la nouvelle médaille d'or accordée par le jury.

66 (1855). M. *Labrosse-Bechet*, à Sedan.—On remarquait dans son exposition un drap à long poil, fait en laine de lama, imitant parfaitement la fourrure.—Cette maison se distingue surtout par le talent qu'elle met dans la confection des draps à poil.—Médaille d'or.

67 (3218). M. Th. *Chennevières*, à Elbeuf.—Il excelle dans les articles de fantaisie qu'il fait fabriquer par mille ouvriers environ; et par une infinité de combinaisons, il est parvenu à donner à ce genre de produit une grande impulsion. — d'or.

68 (2318). M. *Muret de Bord*, à Châteauroux (Indre).—Il travaille spécialement pour les officiers de l'armée et les employés des douanes;— on distinguait un cuir-laine bleu céleste à 22 fr.—Médaille d'or.

69 (2282). MM. *Badin* père et fils et *Lambert*, à Vienne (Isère).—Cette fabrique existe depuis plus de 80 ans de père en fils;—elle excelle dans la fabrication du cuir-laine.—Médaille d'or.

70 (3219). M. *Aroux* (Félix), à Elbeuf.—Tous les articles exposés, tels que draps et cuirs-laine, étoffes à poil pour manteaux de dame, etc., prouvent une grande habileté de fabrication. — Rappel de la médaille d'argent.

71 (3224). M. *Desfreches* fils, à Elbeuf.—Cette fabrique travaille principalement pour les officiers de l'armée, et ses cuirs de laine se sont fait remarquer.—Rappel de la médaille d'argent.

72 (3221). M. *Charvet*, à Elbeuf.—Il a exposé de très beaux échantillons pour pantalons, manteaux de dame et autres nouveautés.—Rappel de la médaille d'argent.

73 (3206). MM. *Augustin Delarue* frères, à Elbeuf.—Leur spécialité c'est le drap de billard qu'ils confectionnent très bien et à bon marché. —Rappel de la médaille d'argent.

74 (3335). M. *Chennevières* (Delphis), à Louviers.—C'est une des fabriques les plus importantes de la ville.—En 1827 il a eu le rappel de la médaille d'argent en commun avec M. Desfrèches ; et à cause de la nouvelle impulsion donnée à son industrie, le jury lui a accordé une nouvelle médaille d'argent.

75 (3329). MM. *Ribouleau* frères, à Louviers. —Ils ont exposé des draps très beaux dans des qualités fines de 40 à 45 fr., et cette nouvelle association des 2 frères a un bel avenir devant elle. —Médaille d'argent.

76 (3324). M. *Odiot*, à Louviers. — C'était l'ancien associé de M. Dannet. Il a envoyé à

l'exposition des draps de fantaisie et tous très remarquables.—Médaille d'argent.

77 (3327). M. *Marcel* (Louis), à Louviers.—On remarquait des draps très bien confectionnés, quoique aux prix de 12 fr. 40 c. et 12 fr. 80 c. le mètre.—Médaille d'argent.

78 (1856). M. *Rousselet* (Antoine), à Sedan.—Sa fabrication exclusive est celle des draps et casimirs, qu'il livre à des prix très modérés (draps noirs 16 à 18 fr.,—casimirs 8 fr. 30 c. à 11 fr.)—Médaille d'argent.

79 (1862). M. *Le Roi Picard*, à Sedan.—Il confectionne parfaitement bien les qualités ordinaires.—Depuis 1834 il a amélioré tous ses produits.—Médaille d'argent.

80 (1857). M. *Marius Paret*, à Sedan.—On remarquait un drap satin zéphir noir, écarlate, casimirs noir et blanc.—Médaille d'argent.

81 (3205). M. *Gariel* (Félix), à Elbeuf.—Cette fabrique existe depuis 22 ans et elle est due au travail persévérant de cet infatigable industriel. Il n'a épargné aucune dépense pour aller dans des pays lointains chercher les meilleurs procédés, et les machines les plus ingénieuses. Tous ses produits étaient remarquables. —Médaille d'argent.

82 (3214). M. *Barbier* (Victor), à Elbeuf.—Il a fait des progrès très remarquables depuis la dernière exposition, et ses draps, ainsi que ses nouveautés, sont d'une très bonne confection.—Médaille d'argent.

83 (3225). MM. Ch. *Fouré* et Cie, à Elbeuf.— Il a pris la succession de la maison Legrand Duruflé qui, en 1823, a eu la médaille d'argent;— ses produits sont tous très remarquables, surtout deux draps bleu de Nemours, et un ourika.— Médaille d'argent.

84 (3212). M. *Dumor-Masson*, à Elbeuf.—Ses draps fins sont fort estimés.—Médaille d'argent.

85 (3203). M. *Delarue* (Alphonse), à Elbeuf.— Il excelle dans la confection du drap de billard qui présente d'assez grandes difficultés.—Médaille d'argent.

86 (3334). MM. *Aubé* frères, à Beaumont-le-Roger (Eure).—Ces exposans s'appliquent surtout à la confection des draps et nouveautés pour homme, dans les prix ordinaires, et surtout aux tartans pour manteaux de dame. MM. Peligot et Alcan leur ont fait essayer un nouveau procédé de graissage et de dégraissage. Le jury a attendu une plus longue expérience pour se prononcer sur le mérite de ces objets brevetés.—Médaille d'argent.

87 (1628). M. *Mouisse* (Jean-François), à Limoux (Aude).—Il emploie 400 ouvriers dans une des manufactures les plus importantes du Midi;—ses produits sont très répandus en France et ne craignent pas la concurrence.—Médaille d'argent.

88 (2279). MM. *Gabert* fils aîné et *Genin*, à Vienne (Isère).—Ils fabriquent le cuir-laine et

les draps de fantaisie. Leur fabrication est très importante, tant dans le façonné que dans l'uni. —Médaille d'argent.

89 (1776). MM. *Morin* et Cie, à Dieu-le-Fit (Drôme). — Ont exposé deux pièces amazone à 8 fr. 75 c. le mètre, des molletons de 2 fr. 10 à 3 fr. 60 c., qui ont été remarqués du public. Nous avons en outre à signaler des échantillons de la filature des exposans, filature très remarquable, à laquelle sont joints des établissemens de cardage, de tissage, de teinture, d'apprêts et de foulage, employant annuellement 200 mille kilos de laine en suint ou 90 mille de laine lavée. Cette maison a plus d'un siècle d'existence, et elle se fait une gloire de soutenir sa vieille réputation. — Médaille d'argent.

90 (1630). M. *Sompayrac* aîné, à Cenne-Monestiès (Aude). — Cet industriel fait travailler plus de mille ouvriers, produit à très bon marché et dans de bonnes qualités, car il lutte en Italie avec les produits anglais. — Médaille d'argent.

91 (1959). MM. *Houlès* père et fils, à Mazamet (Tarn).—Ont exposé des tartans 5/4 à 6 fr. 50 c. teints et à 6 fr. écrus, l'aune. Cet établissement possède aussi des ateliers de tissage, de filature, de teinture et d'apprêts. Il occupe 1200 ouvriers, et fait pour un million d'affaires par an, dans la fabrication des draps légers pour impressions, des tartans de toute espèce, des alpagas et des

castorines. Il compte la marine royale au nombre de ses cliens.—Médaille d'argent.

92 (1957). M. *Lafond Vaisse*, à Mazamet (Tarn).—A exposé des espagnolettes blanches et de couleur, et des ratines en 5|8 de large, depuis 2 fr. 70 c. jusqu'à 7 fr. 50 l'aune. Nous avons surtout remarqué une espagnolette *Ségovie* à 7 fr. 50 l'aune, d'une très belle fabrication, et des casquettes de casimir frisé.—Médaille d'argent.

93 (1808). MM. *Garrisson* oncle et neveu, à Montauban (Tarn-et-Garonne).— Ont exposé des ratines, des molletons, des berg-op-zoom et des algériennes d'un prix facile et d'une belle fabrication.—Médaille d'argent.

94 (2154). MM. *Barbot* et *Fournier*, à Lodève (Hérault).—Ont exposé des draps bronzes à 3 fr. 15 c. le mètre, ainsi que du drap écarlate et du drap vert d'excellente fabrication. Nous avons vu un cuir-laine 5|4 rayé à 11 fr., et des tartans 9|8 à carreaux, que le jury a surtout appréciés.—Médaille d'argent.

95 (1858). M. *Trotrot*, à Sedan (Ardennes).—A exposé des draps noirs de 22 à 28 fr., des écarlates de 28 à 29 fr. et des cramoisis à 28 fr.; de plus un casimir à 13 fr. Tous ces articles sont très bien confectionnés.—Rappel de la médaille de bronze.

96 (3215). M. *Javal*, à Elbeuf.—A exposé des draps de 12 à 17 fr. le mètre, qui donnent une excellente idée de sa fabrication, surtout pour

les nouveautés. — Rappel de médaille de bronze.

97 (1627). MM. *Viviès* et *Andouze*, à Ste-Colombe (Aude).— Ont exposé des cuirs-laine et des draps fantaisie de très bon goût; des satins de 13 à 17 fr.—Cette maison livre environ 20 mille aunes de drap, par an, au commerce.— Rappel de médaille de bronze.

98 (2135). M. *Barthez*, à St-Pons (Hérault).— A exposé des draps teints en pièce, de 7 à 15 fr., qui sont très recherchés à l'étranger et dans les colonies.—Rappel de médaille de bronze.

99 (1935). M. *Juhel Desmares*, à Vire (Calvados).— A exposé des cuirs-laine de 16 à 19 fr. l'aune, des draps lisses et zéphir de 14 à 18 fr. Tous ces articles sont très goûtés dans le commerce.—Rappel de médaille de bronze.

100 (3230). MM. *Rastier*, à Elbeuf.—Ont exposé des draps de 23 fr. 50 c. à 26 fr. le mètre. Les articles nouveautés de cette maison sont très recherchés.— Médaille de bronze.

101 (3202). MM. *Durécu* et Cie, à Elbeuf.— Ont exposé des étoffes à poil et à mi-poil pour vètemens des 2 sexes, d'une très bonne fabrication.— Médaille de bronze.

102 (3330). MM. *Dupont* et *Charnel*, aux Andelys.—Ont exposé des tartans pour manteau, des draps de couleurs diverses, qui sont très bien confectionnés.— Médaille de bronze.

103 (3223). M. *Goudchaux Picard*, à Elbeuf. —A exposé des cuirs-laine de 14 à 15 fr. le mè-

tre, du drap bleu double broché à 16 fr. 65 c. et des cuirs-laine à 19 fr. Tous ces articles sont très variés et d'une exécution parfaite.—Médaille de bronze.

104 (3208). M. *Morel-Béer*, à Elbeuf.—A exposé des draps et nouveautés d'une excellente fabrication.—Médaille de bronze.

105 (3210). MM. *Couprie* et Cie, à Elbeuf.—Ont exposé des draps fins très réguliers.—Médaille de bronze.

106 (1715). MM. *Goudchaux Picard*, à Nancy. —Ont exposé des tartans, des castorines, des hybérines, des pilotes, des draps lisses, et des pièces de cuir moiré qui ont un grand écoulement à l'étranger et dans les colonies.—Médaille de bronze.

107 (2281). MM. *Grenier* père et fils, à Vienne (Isère).—Ont exposé des cuirs-laine filés et des castorines; leurs fils sont surtout estimés pour la fabrication des châles.—Médaille de bronze.

108 (2284). MM. *Guillot* et *Chapot*.—Ont exposé des cuirs-laine de 12 à 17 fr. et des doubles croisés très estimés.—Médaille de bronze.

109 (2276). M. *Bertaud*, à Vienne (Isère).—A exposé des draps cuirs-laine et des castorines d'une très belle fabrication.—Médaille de bronze.

110 (1958). M. *Cormouls*, à Mazamet (Tarn).—A exposé des flanelles, des molletons, des tartans, des alpagas, qui se vendent très bien dans nos départemens de l'Ouest.—Médaille de bronze.

111 (2026). M. *Germain* (Aug.), à Moutiers

(Moselle).—A exposé des draps de troupes, bleus et garancés, qui satisfont pleinement les besoins auxquels ils sont destinés. —Médaille de bronze.

112 (2065). MM. *Bigot* et Cie, à Amboise (département de l'Indre). Etoffes communes et castorines. L'heureuse situation de la ville d'Amboise sur la Loire, et à peu de distance de Tours, lui donne de grandes facilités pour l'écoulement des produits de ses fabriques. Dans le nombre de celles qui y existent, on en compte en ce moment 9 à 10 établies plus particulièrement pour la fabrication des étoffes communes, quoique dans celle dont nous allons parler on fasse aussi des castorines, sorte d'étoffe en laine fine. Cette dernière fabrique a été établie telle qu'elle est aujourd'hui, en 1837, par une association formée sous la raison Bigot et Cie. Le but que se sont proposé les associés a été de donner plus d'extension à ce genre de fabrication, et d'arriver à pouvoir vendre aux détaillans leurs produits à meilleur marché que les négocians ne payaient ceux des autres fabriques. Pour obtenir ce résultat, non seulement les associés jugèrent nécessaire d'apporter le plus grand soin, et de mettre la plus sévère économie dans tous les détails de la fabrication des étoffes communes et des castorines; mais ils crurent aussi devoir acheter eux-mêmes les laines chez les fermiers et les propriétaires, les faire laver, trier et teindre dans leur établissement, auquel ils attachèrent un moulin à foulon; ce qui leur permit de faire fouler et apprêter sous leurs yeux les étoffes sorties de leurs métiers. Ces sages mesures, trop négligées par la plupart des fabricans, procurèrent à cette maison une économie sensible dans les dépenses, et une grande amélioration dans les étoffes fabriquées, de sorte que, dès la première année, elle put vendre aux détaillans les étoffes communes au prix réduit de 2 fr. 50 à 2 fr. 55 c. l'aune, tandis que les négocians ne pouvaient, à raison des prix plus élevés qu'ils avaient dû payer en fabrique pour des étoffes analogues, mais de qualité inférieure, les vendre sans perte à moins de 2 fr. 75 à 2 fr. 80 c. — La différence en moins dans le prix de leurs castorines fut encore plus considérable. — En 1838, seconde année de sa formation, cette maison a été en état de pouvoir baisser encore ses prix, et livrer à 2 fr. 30 à 2 fr. 40 c. l'aune des étoffes que les autres fabricans faisaient payer 2 fr. 50 à 2 fr. 60 c. — Cette réduction était si fort dans l'intérêt des détaillans, et même dans celui des négocians qui achètent en gros pour revendre aux marchands en boutique, que la clientèle de MM. Bigot et Cie s'est rapidement augmentée. — Leur fabrique est déjà arrivée au point de pouvoir produire par mois près de 200 pièces d'étoffe de 25 à 28 aunes, ou, par an, environ 2,400 pièces. C'est à peu près le tiers de ce qu'a produit dans son ensemble, en 1838, la fabrique d'Amboise. Le nombre total des pièces d'étoffes achevées dans les différens établissemens qu'elle comprend, en comptant celui de MM. Bigot et Cie, s'est élevé à 8,000 dans cette même année 1838.

Les étoffes communes et les castorines que cette maison a été admise à exposer prouvent évidemment par leur qualité supérieure, et par les prix plus modérés auxquels elles sont cotées, prix de 10 pour 100 moins élevé que celui des autres fabriques, qu'elle a obtenu le double résultat qu'elle se proposait, celui d'arriver à une fabrication plus parfaite, et de pouvoir en livrer les produits avec une réduction sensible dans les prix.

La fabrique de MM. Bigot et Cie n'emploie que des laines indigènes, et le nombre d'ouvriers qu'elle occupe est d'environ 60 personnes, hommes et femmes. Les castorines qui s'y font, de toutes qualités et de toutes couleurs, ont une demi-aune ou cinq huitièmes d'aune de largeur.

Si nous nous sommes étendus plus que nous ne l'aurions dû sur les détails qui concernent cette maison, c'est qu'ils sont tout à fait propres à montrer combien une direction sage et intelligente, donnée à une entreprise industrielle, est nécessaire et en même temps efficace pour en assurer le succès.

113 (2361). MM. *Muret*, *Solanet* et *Palargié*, à St-Geniez (Aveyron). — Ont exposé des draps bleus 4|4 à 10 fr. 50 c. le mètre, et des flanelles

vert-Saxe à 5 fr. 50, ainsi que des serges en laine à 1 fr. 40 c. l'aune.— Médaille de bronze.

114 (1362). M. *Vallier*, 23, faubourg St-Antoine.— A exposé des draps feutre pour la fabrication du papier, article qu'il a perfectionné et qui nous met à même de nous passer de la Belgique.— Médaille de bronze.

115 (1342). M. *Lascols* (Henry), à Mende (Lozère); à Paris, rue du Sentier, 18.—Draps du département de la Lozère. L'homme, qui, exerçant une industrie spéciale, dirige tous ses efforts vers un but aussi louable que celui de la faire tourner à l'avantage de la population entière du département auquel il appartient, en lui ouvrant de nouvelles voies de prospérité, a des droits incontestables à l'estime publique et à la reconnaissance de ses concitoyens. A ce titre, MM. Lascols et Cie se sont rendus particulièrement recommandables aux habitans de la Lozère, en ouvrant des débouchés qui manquaient à leurs laines et aux tissus qui s'en fabriquent, seul travail et ressource unique du pays. Voyant cette branche de commerce manquer en partie à ses compatriotes, depuis que la fabrication des étoffes de coton avait diminué dans le département et dans les contrées voisines, la consommation de leurs draps et des autres tissus fabriqués dans les campagnes, et par des paysans qui ne cherchaient point à en améliorer la qualité, ils se sont décidés à établir à Paris une maison spécialement destinée à introduire ces étoffes dans

le commerce général du royaume. Ils ne se sont pas dissimulés qu'elles ne pouvaient pas rivaliser pour l'apparence, la finesse et la beauté, avec celles de nos grandes manufactures de Sedan, de Louviers, d'Elbeuf, etc. ; mais ils ont pensé que leur bonté, et surtout la modicité du prix auquel elles peuvent être livrées, les feraient rechercher dans les campagnes, et par certaines communautés où l'on tient moins au luxe qu'à la solidité et à la durée des vêtemens.

Il est très probable qu'une spéculation, faite plus encore dans l'intérêt de leur département que dans le leur, aura le succès qu'ils espèrent, et qu'en réussissant, elle contribuera à faire revivre les fabriques de la Lozère, et à leur donner une heureuse impulsion vers les améliorations que réclame l'état trop reculé de ses manufactures.

Déjà, depuis quelque temps, il s'est établi dans ce département deux filatures de laines à la mécanique, et si les femmes qui faisaient auparavant cet ouvrage à la main se sont trouvées avoir moins de travail, la fabrication s'est du moins un peu améliorée; et les débouchés beaucoup plus étendus, que procurera à ses produits la maison créée à Paris par MM. Lascols et Ce, offriront une ample compensation du tort que la filature à la mécanique peut faire aux familles de la campagne (toutes à peu près sont dans ce cas), où, tandis que les femmes filaient à la main, les hommes étaient occupés à fabriquer des draps grossiers, des escots et des flanelles, pour les porter ensuite et les vendre à Mende, ou dans d'autres marchés.

MM. Lascols et Ce ont mis le public dans le cas de pouvoir connaître et apprécier l'industrie de leur département, en plaçant à l'exposition des échantillons de gros draps, de flanelles, de serges et d'escots, qui y ont été fabriqués. Depuis qu'ils ont établi leur maison de la rue du Sentier, ils se sont mis en rapport avec différens établissemens, et ils se sont assuré des débouchés et un écoulement d'autant plus certain pour leurs marchandises, qu'ils ne négligent aucuns soins pour l'amélioration des produits qu'ils tirent des fabriques de la Lozère. Dans ces ateliers il ne se fait qu'une partie de la fabrication, et, grâce aux connaissances spéciales que M. Lascols possède, les mêmes draps sont manipulés à Paris presque sans être foulés, et acquièrent d'excellentes qualités sans qu'on soit obligé d'en élever les prix. Ces prix sont excessivement modérés, car les tissus lainés peuvent se livrer à 1 fr. 10 c. (22 sous) l'aune; des draps ayant une demi-aune à 1 fr. 40 c., 1 fr. 80 c. et 3 fr.; et des serges escots, depuis 1 fr. jusqu'à 6 fr. l'aune. Il n'est pas de maison qui puisse mériter mieux que la leur d'être encouragée, et d'obtenir un grand succès, sa spéculation n'étant pas seulement particulière, mais en même temps dans l'intérêt bien entendu d'un département dont elle sert la seule industrie qui s'y exerce.

De tels avantages pour la classe pauvre n'ont pas échappé au Roi et au Prince royal, qui ont déjà accordé des éloges mérités à la philanthropie éclairée de M. Lascols.—Médaille de bronze.

116 (2448). MM. *Bourguignon* et *Schmidt*, à Bischwiller (Bas-Rhin).—Ont exposé des draps brun et noir, solides et d'un bon usage.—Rappel de mention honorable.

117 (2125). M. *Le Parquois*, à St-Lô.—A exposé des flanelles rayées sur chaîne-fil, qui se vendent très bien dans le département de la Manche.—Rappel de mention honorable.

118 (2038). M. *Boyer*, à Limoges.—Flanelles de diverses qualités sur chaîne en fil ou en coton, d'une grande consommation.—Rappel de mention honorable.

119 (3209). M. *Barbier*, à Elbeuf. — A exposé un drap noir anglais à 24 fr. 70 c. le mètre et une peau de taupe à 21 fr., qui ont été remarqués.—Mention honorable.

120 (3213). M. *Defrémicourt*, à Elbeuf. — A exposé des draps de 12 à 15 fr. le mètre, bien exécutés.—Mention honorable.

121 (3228). MM. *Berrier* et *Brisson*, à Elbeuf. —Ont exposé des draps de 17 à 26 fr. le mètre, d'excellente qualité.

122 (2280). MM. *Poix-Coste* et *Dervieux*, à Vienne (Isère). — Ont exposé des cuirs-laines communs, qui se placent bien dans le nord et dans la Suisse.—Mention honorable.

123 (2277). MM. *Moniguet* et *Rigat*, à Vienne.

— **Draps** cuirs-laine, alpagas, castorines, ratines **frisées**, qui ont un grand débit dans le nord de la France.—Mention honorable.

124 (**1722**). **MM**. *Picard*, à Nancy.—Cuirs-laines et draps d'une bonne teinture et bien apprêtés.—Mention honorable.

125 (**1725**). **MM**. *Marcot* et *Thiriet*, à Nancy.—Draps et cuirs-laines solidement fabriqués.—Mention honorable.

126(**1631**). **M**. *Belz-Sicard*, à Limoux (Aude).—Castorines, draps, tartans à des prix modérés.—Mention honorable.

127 (**2449**). **MM**. *Ruef* et *Bricard*, à Bischwiller.—Draps solides et d'un apprêt perfectionné.—Mention honorable.

128 (**2450**). **MM** *Grenier* et *Kuntzer*, à Bischwiller.—Draps estimés surtout pour le bon marché.

129 (**1629**). **MM**. *Daydé-Gary*, à Cenne-monestiès (Aude).— A exposé un drap gris teint, en laine, à 5 fr. 25 c. le mètre. Cet établissement livre à la consommation des draps très bon marché et d'une excellente fabrication.—Mention honorable.

130 (**1955**). **M**. *Juhel-Pondegrenne*, à Vire (Calvados).—Cuirs-laines à 16 fr. et draps lisses à 14 et 15 fr., imitation d'Elbeuf.—Mention honorable.

131 (**1936**). **MM**. *Fournet-Brochet*, à Lisieux.—Drap-pilote, molletons à poil, croisés noirs anglais ; tous ces articles sont recherchés pour leur bon marché.—Mention honorable.

132 (1777). M. *Chabrières*, à Crest (Drôme).—Couvertures communes, gros draps, limousines; articles très estimés.—Mention honorable.

133 (2360). M. *Rivemale*, à St-Afrique (Aveyron).—Espagnolettes et molletons, cadis et castorines de 1 fr. 80 à 3 fr. 60 c.—Mention honorable.

134 (2029). M. *Lazar-Aron*, à Metz.—Molletons 3|4 à 3 fr. 20 c. et 4 fr. l'aune.—Mention honorable.

135 (2124). MM. *Augot*, à St-Lô.—Flanelles rayées sur chaîne-fil en 7|8, en 4|4 de large, d'une excellente fabrication.—Mention honorable.

136 (1921). M. *Dubois*, à Fougères (Ille-et-Vilaine).—Flanelles rayées de diverses couleurs. —Mention honorable.

137 (2113). MM. *Bonraisin-Tillaut* et C°, à Nantes.—Coutils, flanelles rayées et droguets.—Mention honorable.

138 (1622). M. *Moualli*, à Ougnad (Vendée).—Draps bretons, croisés noirs, molletons croisés et lisses, castorines et espagnolettes, futaines en coton, etc., tous ces articles font vivre le pays où ils se fabriquent.—Mention honorable.

139 (1623). MM. *Durand* et *Caille*, à Ougnad (Vendée).—Serges, croisés-rouges, articles bretons très estimés.—Mention honorable.

140 (1635). M. *Bourgeois-Duchez*, à Felletin

Creuze).—Droguets, flanelles rayées sur chaîne-fil.—Mention honorable.

141 (2039). MM. *Laporte*, à Limoges.—Flanelles rayées sur chaîne-fil ou coton, de 3 à 5 et 8 fr. l'aune, d'une consommation très utile dans le Limousin.

142 (3526). MM. *Godard* et *Decreps*, à Louviers.—Draps hydrofuges, dont les exposans sont les inventeurs, et qui ne doivent pas contenir de laine.—Citation favorable.

143 (1730). M. *Fromenteau*, à Poitiers.—Draps bleus cuirs-laines à 3 fr. le mètre, très bien fabriqués.—Citation favorable.

144 (2265). MM. *Hazard* et *Bienvenu*, à Orléans.—Draps bleus, teints et fabriqués par les exposans.—Citation favorable.

Après avoir passé en revue les exposans dont le jury a fait mention, il nous reste à nous occuper de ceux qui n'ont pas été compris dans son travail et qu'on doit classer dans la même section. Ces exposans n'en ont pas moins mérité les honneurs de l'exposition, et c'est à nous à faire ressortir le mieux possible les motifs des jurys des départemens.

145 (3208). M. *Beer* (Morel), à Elbeuf.—A exposé divers échantillons de draps et nouveautés. —En 1834, cet exposant a mérité une mention honorable parce que ses prix étaient modérés.

146 (321[illegible]). M. *Lemonnier Chenevière*, à Elbeuf. —A, comme le précédent, exposé des draps et nouveautés.

147 (2369). MM. *Dastis* et fils, à Lavelanet (Arriège).—Ont exposé des draps divers.—MM. Dastis et fils ont les antécédens les plus honorables, car en 1834 ils ont obtenu la médaille d'argent pour leurs produits très recherchés.

148 (2403). Mme veuve *Dessaint-Florin*, à Roubaix (Nord).—Ses échantillons de stoff ont paru au jury du département du Nord dignes de l'exposition.

IVe SECTION.—*Fabrication des couvertures.*

C'est une des fabrications les plus simples.—Le midi fait à Paris la concurrence la plus redoutable dans ce genre, et il a forcé la capitale à fabriquer plus exclusivement les couvertures fines et de luxe.

149 (18). M. *Bacot*, rue de la Monnaie, 26, à Paris.—Jouit pour tous ses produits d'une réputation étendue et méritée. Ses couvertures, ses tapis de table en fil et laine, ses feutres pour la papeterie mécanique, ses mouchoirs...., tout mérite des éloges et le jury lui a maintenu la médaille d'argent.

150 (1212). M. *Poupinel*, rue Galande, 57, à Paris.—A exposé des couvertures en coton et en laine, très bien confectionnées et qui lui ont mérité le rappel de la médaille d'argent.

151 (2133). MM. *Pagezy* et fils, à Montpellier (Hérault).—Mettent une grande variété dans leur fabrication, qui occupe 200 ouvriers.—Les cou-

vertures *Makinaus* vont dans l'Amérique du nord; celles *Beiges* sont pour le campement des troupes, etc.—Médaille d'argent.

152 (2249). M. *Léger Francolin*, à Patay (Loiret).—Ses couvertures sont à des prix modérés. —Il occupe 40 ouvriers environ et il varie également ses produits.—Médaille de bronze.

153 (1845). M. *Roullier* et Ce, à Condamine-la-Doye (Ain).—Couvertures en laine croisée. Félicitons M. Roullier de s'être mis dans le petit nombre des exposans qui ont exactement indiqué les prix des objets admis par le jury, et surtout de pouvoir fournir à des prix aussi modérés d'excellentes couvertures.—On le doit à l'habileté avec laquelle cet industriel dirige tous les détails de sa fabrication, et aux connaissances pratiques qu'il avait déjà acquises, lorsqu'il était placé en France à la tête d'un des principaux établissemens du même genre. Il en a profité, et a fondé depuis quatre ans sa fabrique sur la route de Lyon à Genève, et à l'entrée de la montagne du Bugey. Cette industrie vivifie cette contrée. Nous avons été examiner avec plusieurs connaisseurs cette modeste exposition, et nous avons tous été surpris que des couvertures bien blanches, d'un tissu bien net et de 8 pieds de longueur sur 7 de largeur, pussent être livrées, les grises à 20 fr. 50 c., les mi-fines à 22 fr., les fines à 25 et les surfines à 34 fr. La même proportion existe dans les couvertures plus amples. Par exemple, celles de 9 pieds 10 pouces sur 8 pieds

10 pouces se vendent, 33 fr. les mi-fines, 35 fr. les fines et 46 fr. les surfines.—Ces prix ne sont pas fictifs ; ils sont tout simplement le relevé de ceux qui figurent sur les *factures courantes* de la maison, et encore faut-il observer que le fabricant fait un escompte de 3 pour 0/0. — Ce sont de tels établissemens qu'on ne saurait trop encourager.—Le jury a accordé une médaille de bronze.

154 (2897). M. *Feuge-Tessard*, à Troyes.— On a remarqué la variété des dessins de ses produits, soit sur ses couvertures, soit sur ses couvre-pieds.—Médaille de bronze.

155 (2380). M. *Pluquet* (Edouard), à Launoy (Nord).—Dans son exposition on a remarqué ses couvertures, faites avec des déchets de coton et dont le prix varie depuis 3 fr. 80 à 4 fr. 80 c.— Médaille de bronze.

156 (1513). M. *Raimbert*, à Châteaudun (Seine).—Bonne fabrication et bandes de couleurs très bien confectionnées.—Mention honorable.

157 (2509). MM. *Girard* et *Acary*, de Lyon.— On doit citer les couvertures faites avec des déchets et avec des découpures du broché des châles.—Mention honorable.

158 (3144) MM. *Maron* et *Damoiseau*, à Rouen. — Il a présenté des couvertures piquées doubles très solides à 33 fr. et des couvertures en tissus brochés à 14 fr.—Mention honorable.

159 (640). M. *Fazola*, rue de Richelieu, 67.

—Il a exposé des couvertures confectionnées avec de la laine floche.—Mention honorable.

160 (2355). MM. *Fourché* et *Salmon*, au Mans (Sarthe).—Produits à très bon marché.—Mention honorable.

161 (2414). Mme veuve *Lepoutre-Roussel*. — Pour un seul couvre-lit exposé, le jury lui a accordé une citation favorable.

162 (2236). MM. *Rohard* père et fils, de Reims. —Citation favorable pour ses couvertures régulièrement foulées.

163 (1211). M. *Foye-Davenne*, rue Neuve-des-Petits-Champs, 63.—Les expositions de M. Foye-Davenne méritent de fixer l'attention du public. Il tient un grand assortiment de fournitures de couchers et un autre de tapis de pieds.

164 (2269). M. *Michel* (Jules), au Rondon près Meung (Loiret).—Il a exposé des couvertures en laine verte bien confectionnées.

Ve SECTION.— *Tissus de laine légèrement foulés et non drapés.*

Voici les Exposans qui appartiennent à cette section.

165 (2230). MM. *Henriot* frères, *Sœur* et Ce, à Reims (Marne).—Ils sont à la tête de la fabrique la plus complète, et occupent de 14 à 1500 ouvriers;—elle comprend les flanelles, les nouveautés pour gilets et pantalons, les mérinos, différens genres de châles, etc. Leurs prix sont mo-

dérés et le commerce estimé beaucoup cette maison à cause de l'excellence de ses produits. —Rappel de la médaille d'or.

166 (2241). M. *Henriot* fils, à Reims. — Il a introduit le premier à Reims la fabrication des châles tartans et kabiles, et les étoffes à manteaux. —Il traite avec une grande supériorité la fabrication des flanelles. — Médaille d'or.

167 (2234). MM. *Benoist Malo* et Ce, à Reims. — Les expositions étaient très variées: on y voyait des duvets doubles pour gilets, des satins brochés, des mérinos damassés, etc.—Rappel de la médaille d'argent.

168 (2240). M. *Leclerc Allart*, à Reims.—Sa spécialité est les flanelles lisses, dites de galles et bolivar, qu'il confectionne avec une très grande supériorité et à des prix modérés. — Médaille d'argent.

169 (2233). MM. *Givelet Assy* et *H. Rollin*, à Reims. — Ils excèlent dans l'article destiné aux gilets, auquel ils joignent les châles kabyles. Cette fabrique jouit d'une excellente réputation. — Médaille d'argent.

170 (2231). MM. *Buffet Perin*, oncle et neveu, à Reims.—Cette fabrique a pour but principal l'exploitation des casimirs et nouveautés pour pantalons, objets qui décroissaient depuis quelque temps. Tous ces articles sont parfaitement confectionnés.—Médaille d'argent.

171 (2225). M. *Pierquin-Grandin*, à Reims.—

Il réussit parfaitement bien dans la confection des flanelles.—Médaille de bronze.

172 (2121). M. *Screpel-Lona[illegible]e*, à Roubaix (Nord).—Il a exposé des tissus pour gilets qui méritaient parfaitement les honneurs de l'exposition.

VIe SECTION.—*Tissus de laine non foulés, purs ou mélangés.*

173 (3147). M. *Auber* (Louis), à Rouen (Seine-Inférieure).—Cette maison réunit tous les élémens de succès et sa réputation est immense. Ses produits exposés, tels que les étoffes d'ameublemens, les objets d'habillemens, attestaient une grande intelligence de fabrication.—Son commerce est très étendu et c'était justice que de lui rappeler la médaille d'or.

174 (4). MM. *Jourdan*, *Morin* et Ce, rue Notre-Dame-des-Victoires, 26, à Paris.—Cette maison s'occupe spécialement des châles cachemires et de tissus fantaisie en laine et soie.—Rappel de la médaille d'or.

175 (37). MM. *Eggly*, *Roux* et Ce, rue de Cléry, 17, à Paris.—Les produits sont principalement destinés à la toilette des hommes et des dames. Ils font parfaitement bien dans ce genre. —Rappel de la médaille d'or.

176 (2398). M. *Delattre* (Henri), à Roubaix (Nord).—C'est sans contredit un des premiers

fabricans de *stoffs*; ils sont supérieurs aux produits analogues anglais.—Médaille d'or.

177 (7). MM. *Fortier* et *F. Tiret*, rue Neuve-St-Eustache, 36, à Paris.—Ils ont exposé des étoffes pour meubles et tentures, très remarquables pour les dessins et le travail du tissu.—Il sera question d'eux à la section des châles.

178 (33). M. *Thibault* (Germain), rue Neuve-St-Eustache, 36.—C'est cette maison qui a produit le satin oriental, la parisina, la lévantine laine, etc.—Il occupe 3 à 400 ouvriers dans les départemens de l'Aisne, du Nord et de la Seine.—Rappel de la médaille d'argent.

179 (13). MM. *J. Croco* et Ce, rue de Paradis-Poissonnière, 46.— On distinguait parmi leurs nombreux et beaux produits le crêpe Palestine, imitation de brocatelles de Lyon, et une pièce faite par double chaîne, dont les deux faces offrent un aspect différent.—Rappel de la médaille d'argent.

180 (59). M. *Henry* aîné et fils, rue Poissonnière, 13.—On lui doit les damas en laine pure ou mélangée avec le coton et la soie, ainsi que des couvertures pour l'été à mailles claires.—L'industrie doit au chef de cette maison des produits ingénieux.—Rappel de la médaille d'argent.

181 (2428). Mme veuve *Cailleux* et *Launoy*, à Amiens.—Au moyen de machines de Jacquart, cette maison est parvenue à parer de dessins brochés l'*alépine*, et elle en a exporté une grande

quantité dans les États-Unis. — Médaille d'argent.

182 (2435). MM. *Fevez d'Estrée* et Ce, à Amiens. —Ils ont contribué avec les exposans précédens à reproduire le goût de l'alépine brochée. On remarquait aussi dans leur assortiment des éoliennes très variées.—Médaille d'argent.

183 (642). M. *Cochetteux* (Florentin), rue du Mail, 9, à Paris.—Sa spécialité a pour objet la fabrication de damassés pour meubles, tissés avec la laine, le coton et la soie.—Il emploie environ 140 métiers à la Jacquart.—Médaille d'argent.

184 (2389). M. *Wacrenier Delvenquier*, à Roubaix.—Il a la même spécialité que le précédent, et il emploie environ 120 métiers à la Jacquart. —Médaille d'argent.

185 (2412). M. *Dervaux* (Alexandre), à Roubaix.— Cette maison excèle pour le satin-laine rayé et pour le satin uni dit *lasting*. — Médaille d'argent.

186 (3235). M. *Frasez* (François), à Roubaix. — Cet exposant fabrique beaucoup de stoffs et à très bon marché.—On doit signaler l'heureuse idée qu'a eue ce fabricant : il a fait construire 100 petites maisons de 4 chambres chaque, où il place 4 métiers à la Jacquart.—Ses ouvriers évitent ainsi les dangers de la vie d'atelier.— Médaille d'argent.

187 (1985). MM. Fréd. et Ed. *Bernonville*, à St-Quentin et Bohain (Aisne).—Leur exposition

était nombreuse et brillante. Les articles étaient destinés à la teinture et à l'impression. Cette maison a un commerce très étendu.— Médaille d'argent.

188 (2243). M. *Dauphinot-Pérard*, à Isles.— Il est connu dans le commerce comme celui qui fournit les plus belles qualités de mérinos. Il choisit très bien la matière première et confectionne des tissus très réguliers.—Médaille d'argent.

189 (2407). M. *Prus-Grimonprez*, à Roubaix. —Tous ses articles pour meubles étaient très bien confectionnés.— Rappel de la médaille de bronze.

190 (14). M. *Pagès Baligot*, rue d'Albouy, 9, à Paris.—Il rivalise avec ce que fait de mieux l'Angleterre dans le genre *gilets*. Son début est excessivement heureux.—Médaille de bronze.

191 (2388). M. *Degrandel*, à Roubaix.—On a surtout distingué une étoffe brochée, laine et soie, destinée à faire des casquettes et à remplacer la broderie.— Médaille de bronze.

192 (2436). M. *Ponche Bellet*, à Amiens.— Il a le mérite, comme Mme veuve Cailleux et MM. Fevez d'Estrée, d'avoir régénéré l'alépine; son commerce est très étendu.—Médaille de bronze.

193 (3348). M. *Lecreux* (Victor), à Amiens.— Ses étoffes *façon cachemire* méritaient la distinction de la médaille de bronze, que le jury lui a accordée.

194 (1030). MM. *André* et *Jules David*, à St-

Quentin (Aisne), maison à Paris, rue St-Fiacre, 1.— Ils ont le mérite d'avoir introduit des premiers la mousseline-laine.—Ils fabriquent beaucoup de genres et tout est d'une parfaite exécution.—Médaille de bronze.

195 (11). M. *Lambert-Blanchard*, rue Neuve-St-Eustache, 32, à Paris.—On remarquait surtout une pièce de *batiste de laine*, des châles kabiles.—Médaille de bronze.

196 (1999). M. *Jardin* (Charles), à St-Quentin.—Ses mousselines-laines sont très appréciées par le commerce.—Médaille de bronze.

197 (1914). MM. *Dugué* frères, à Nogent-le-Rotrou.—Ils ont introduit à Nogent la fabrication du mérinos des ceintures arabes, tissus tout de laine, des burnous, etc.—Médaille de bronze.

Le jury a accordé une mention honorable aux exposans qui suivent :

198 (2235). M. *Riviere-Lefort*, à Reims. Pour son utile collection d'étamines laines à bluteau.

199 (2242). M. *Millon Marquant*, à Beine (Marne).—Pour les voiles de laine extra-fines en 55 cent. de large.

200 (2408). Mme veuve *Cordonnier*, à Roubaix.—Pour les 5 coupes casimirs chaîne et trame, en laine douce à rayures.

201 ( ). Mme veuve *de St-Florin*, à Roubaix.—Pour 2 coupes stoff.

202 (2402). M. *Potalier* cousin, à Roubaix.—Pour plusieurs coupes, tissus pour gilets.

203 (2416). M. *Ribeauçourt-Notte*, à Roubaix.

—Pour 4 coupes de casimirs-laine à petites côtes.

204 (1615). MM. *Troupel*, *Tur* et *Favre*, entrepreneurs de la maison centrale d'Embrun (Hautes-Alpes).—Pour divers échantillons de draperie commune.

205 (3049). MM. *Gagelin* et *Opigez*, rue Richelieu, 93.—Ont exposé un très bel assortiment d'étoffes nouvelles pour robes.

206 (2544). MM. *Gabriel* et *Ravaisse*, à Lyon. —Ont exposé des étoffes de laine et coton bien confectionnées.

VIIe SECTION.—FABRICATION DE CACHEMIRES.

Quoique l'engouement, qui a existé il y a quelques années, pour ce genre de parures, soit maintenant restreint dans des limites raisonnables, cette fabrication ne fournit pas moins à une grande consommation qui occupe encore beaucoup de manufactures. Elle se fait toujours avec une notable perfection en France, ainsi que le prouve l'exposition de 1839.

§ 1er. *Filage du cachemire.*

Les progrès faits dans ce filage depuis 5 ans sont constatés, et ils ont pu diminuer les prix de 15 pour cent.

207 (1514). M. *Hindenlang* fils aîné, rue des Vinaigriers, 15, à Paris.—Ce fabricant a confectionné des fils chaine n° 90 et des trames

n° 115, au moyen desquels les tissus mérinos peuvent rivaliser avec les tissus en laine cachemire.— Son commerce est considérable et il l'a étendu encore, en faisant un établissement de 3 mille broches à Cramoisi (Oise).— Rappel de la médaille d'or.

208 (2456). M. *Bietry*, à Villepreux (Seine-et-Oise).—De simple ouvrier cet exposant est devenu un filateur très distingué.— Depuis 1834 il fait mieux et a baissé ses prix.—Rappel de la médaille d'or.

209 (34). M. *Possot*, rue des Vinaigriers, 19, à Paris.—Ses fils sont très nets et très réguliers, et ses tissus cachemires fort bien faits.— Rappel de la médaille d'argent.

§ 2. *Châles de cachemire et leur imitation.*

Cette industrie est venue de l'Orient, et ses produits ne sont bien connus que depuis l'expédition d'Egypte. M. Bellanger, très habile industriel, voyant un de ces châles qu'un général de l'armée d'Egypte avait envoyé, apprécia de suite l'immense avantage qu'il y aurait pour la France, d'en faire des imitations. Il se mit à l'ouvrage, créa tous ses moyens d'exécution, et il parvint à confectionner des châles français; en peu de temps ils occupèrent 25 mille bras.—Vint ensuite M. Ternaux, qui fit arriver à Paris des chèvres du Tibet, et qui seconda puissamment les développemens de cette industrie.—Le châle dit *époulliné* se fait en fuseau, c'est la façon indienne.—La 2e espèce, c'est le châle broché, fait au lancé. On ne doit pas se dissimuler qu'on ne parviendra à faire, en France, des châles époullinés, que lorsque la mécanique aura simplifié le travail et qu'on pourra, par exemple, passer plusieurs époullins ou fuseaux à la fois.– Le battant brocheur de MM. Meynier et Godmard donnent quelque espoir d'y parvenir. —Nous distinguerons dans ce travail les châles de Paris, ceux de Lyon, ceux de Nismes et ceux de Reims.

La fabrique de Paris comprend 3 sortes de châles: 1o le cachemire pur; 2o le châle indou, cachemire dont la chaîne est en soie fantaisie, retorse à 2 bouts; 3o le châle indou laine, dont la chaîne est en soie fantaisie, et la trame et le lancé sont en laine plus ou moins fine.—Ce châle, avec 4 ou 5 couleurs, se vend en très grande quantité, et la consommation peut aller à 12 ou 15 mille par an.

La fabrique de Lyon dispute à Paris l'exploitation du cachemire indou pure laine, dont la fabrication a pris une assez grande extension.—Le châle tissé, dont la chaîne et la trame sont en bourre de soie, a été long-temps l'objet unique de la fabrication lyonnaise; mais il a été remplacé par le *châle-tibet*, fabriqué avec des matières mélangées de laine et de bourre de soie.—Cette ville emploie aux châles 4 mille métiers, dont un quart est obligé chaque année de chômer.—Le châle broché de Lyon a aujourd'hui un grand débouché dans l'Amérique du Nord, à cause de la modicité de son prix.

La fabrique de Nismes imite Paris et Lyon. Elle confectionne, avec des chaînes de fantaisie retorses, le châle indou laine et le châle indou dit châle de Nismes : c'est celle qui fabrique aux prix les plus modérés, et l'étranger lui ouvre un grand débouché.

La fabrique de Reims ne s'occupe guère des châles que depuis 3 ans. C'est là qu'on fait des châles tartans à carreaux écossais ou à filets, des châles kabyles brochés ou à bouquets.

Dans les fabriques que nous venons de citer, des perfectionnemens divers se sont introduits : tissus plus réguliers, dessins plus riches et plus variés, baisse des prix.

Châles de la fabrique de Paris.

210 (2460). M. *Girard*, à Chevreuse (Seine-et-Oise).—Il rivalise avec les châles de l'Inde et les donne à meilleur marché.— Cet exposant consacre tous ses soins à sa fabrique.— Rappel de la médaille d'or.

211 (3). MM. *Deneirouse* et Cie, rue des Fossés-Montmartre, 16, à Paris.— Leur manufacture est à Corbeil; ses produits sont parfaits. On remarquait un châle fait d'après un procédé qui permettra d'économiser 1|3 dans la confection des *dessins*, tels qu'ils sont composés aujourd'hui. —Rappel de la médaille d'or.

212 (23) M. *Gaussen* aîné et Ce, rue Neuve-des-Petits-Champs, 2, à Paris.—Le public a admiré les produits de ces exposans. Ils ont des procédés particuliers pour donner à toutes les parties du dessin l'éclat le plus vif des couleurs. — Leurs relations en Amérique et en Angleterre s'étendent chaque jour.—Rappel de la médaille d'or.

213 (30). MM. *Hébert* et Ce, rue du Mail, 13. —L'industrie se rappelle, avec reconnaissance, que c'est à M. Hébert qu'est due la première application de 2 découvertes importantes, qui ont été la cause de tous les progrès faits dans ce genre de fabrication : la 1re c'est le *mécanisme à retour* dû au sieur Rostaing ; la 2e c'est le papier pointé briqueté.—Rappel de la médaille d'or.

214 (12). M. *Arnould* (Jean-Louis), rue des Fossés-Montmartre, 7.—Son but est d'imiter parfaitement le châle cachemire de l'Inde, et il y est parvenu. Ses produits ont la vogue et ils le méritent.—Médaille d'or.

215 (7). M. *Fortier*, rue Neuve-St-Eustache, 36, à Paris.—Il établit des châles indoux à des prix très modérés, en diminuant la quantité des couleurs.—C'est l'inventeur des châles *Palatin*. —A son exposition on remarquait des étoffes très belles pour meubles.—Médaille d'or.

216 (8). MM. *Chambellan* et *Duché* aîné, rue des Fossés-Montmartre, 8.—Leurs châles cachemires purs et leurs châles indoux ont de grands débouchés.—Rappel de la médaille d'argent.

217 (9). MM. *Legrand-Lemor*, *Lecaux* et Cie, place des Victoires, 2.—La fabrication de leurs châles longs et de leurs châles carrés est très bonne.—Rappel de la médaille d'argent.

218 (36). MM. *Tiret* (Félix) et Cie, rue des Fossés-Montmartre, 19.—Ils fabriquent très bien les châles indoux.—On remarquait en outre des étoffes nouvelles pour les tentures d'appartement, en 180 centimètres de large. Elles étaient en soie et laine.—Rappel de la médaille d'argent.

219 (21). MM. *Gagnon* et *Culhat*, rue Neuve-St-Eustache, 23, à Paris.—Ils ont exposé un châle pure cachemire et un autre fabriqué de telle sorte, que le consommateur pouvait trouver 2 châles dans un carré.—Médaille d'argent.

220 (5). MM. *Albert Simon* et Ce, rue des Fossés-Montmartre, 42.—Ils ont admis l'or et l'argent dans le tissage des fleurs du dessin, et ont pu se procurer des débouchés dans l'Orient.—Médaille d'argent.

221 (3280). M. *Fouquet* aîné, rue des Fossés-Montmartre, 15.—Ouvrier dans la maison Bellangé-Dumas-Décombe, cet exposant est parvenu à monter une fabrique qu'il dirige très bien.—Il a tissé le premier châle long cachemire à la tiré sur chaine soie organsin.—Médaille d'argent.

222 (615). M. *Debras* (Joseph), rue Neuve-St-Eustache, 30.—Il a une méthode ingénieuse de

fabrication qui économise le quart et même le tiers des couleurs.—Médaille d'argent.

223 (24). M. *Gouré* jeune, rue Neuve-Saint-Eustache, 28.—Depuis 1834 il a fait des progrès dans sa fabrication. Il a un établissement à Bohain (Aisne).—Rappel de la médaille de bronze.

224 (17). M. *Junot* (Hyppolite), rue Neuve-St-Eustache, 6, à Paris.—Ses châles indoux étaient d'une exécution parfaite.—Rappel de la médaille de bronze.

225 (19). M. *Bachelot* (Léon), rue Neuve-St-Eustache, 23.—Il se présente pour la première fois.—Ses châles sont parfaitement fabriqués et à très bon marché.—Médaille de bronze.

226 (1208). M. *Brunet*, rue Neuve-St-Eustache, 14.—Ses châles soutiennent la comparaison avec ceux provenant d'anciennes maisons. —Médaille de bronze.

227 (22). M. *Bournhonet*, rue des Fossés-Montmartre, 2.—Il avait fabriqué de riches dessins pour l'exposition, et il a débuté par des produits remarquables.—Médaille de bronze.

228 (20). MM. *Sivel* et *Herbin*, rue Neuve-St-Eustache, 27.—Leur spécialité est la production de châles en pure laine fine, pour la saison d'été.—Mention honorable.

229 (6). MM. *Manuel* et *Dry*, rue Neuve-St-Eustache, 4.—Leurs dessins sont faits d'après des dispositions venant du Japon.—Mention honorable.

230 (25). MM. *Thouvenin* et *Berthois*, rue Neuve-St-Eustache, 29.—C'est le châle indou qu'ils exploitent très bien. — Mention honorable.

231 (1210). M. *Boutineau* (Paul), rue Neuve-St-Eustache, 52. — Pour divers articles légers faits en broché laine.—Citation favorable.

232 (1034). M. *Chiard*, rue de Cléry, 9.— Pour une collection variée de châles.—Citation favorable.

233 (1938). M. *Sorel*, à Caen (Calvados).— Expose un châle angora fait au métier.

234 (1937). Mme *Maufras*, à Caen.—A exposé un châle angora tricoté.

235 (1723 et 2201) (1). MM. *Marx Picard* et fils, à Nancy.— Ont exposé des mérinos-cachemire et des châles pould de soie, brodés au crochet avec beaucoup de goût.

Châles de Lyon.

236 (2510). M. *Grillet* aîné, à Lyon.— Il peut à juste titre, passer pour le rénovateur de la bonne fabrique de châles imitation du cachemire.—Il fabrique aussi le châle imprimé pour la saison d'été.—Médaille d'or.

---

(1) Le livret présente souvent ce grave inconvénient de donner 2 n^{os} au même exposant, ou de présenter son nom mal orthographié.

237 (2552). M. *Damiron*, à Lyon.—Il a de grands débouchés dans la Belgique, l'Angleterre, l'Allemagne, etc., et sa fabrication est excellente. —Rappel de la médaille d'argent.

238 (2528). MM. *Boyriven-Gélot* et Cie, à Lyon. —Ils ont présenté un grand assortiment de châles très bien fabriqués.—Rappel de la médaille d'argent.

239 (2520). MM. *Moras* et *Dauphin*, à Lyon. —Ils sont successeurs des sieurs Reverchon ; se sont créé des débouchés à l'étranger et sont à la tête d'une très bonne fabrication. —Médaille d'argent.

240 (2537). MM. *Luquin* frères, à Lyon.—Ont exposé de bons châles thibets. —Rappel de la médaille de bronze.

241 (2522). MM. *Bonnot* et *Moreau*, à Lyon. —Ils débutent et fabriquent beaucoup de châles mélangés et des châles indoux laine.—Médaille de bronze.

242 (2534). MM. Ch. *Pagès* et Cie, à Lyon.—Ils envoyent à l'étranger beaucoup de mérinos indoux, des thibets tramés laine, etc. — Médaille de bronze.

Châles de Nismes.

243 (3083). MM. *Curnier* et Cie, à Nismes.— Cette maison a un commerce considérable pour ses châles, qu'elle confectionne très bien, et pour

ses gants de soie et des mitons dont ils font un grand placement.—Rappel de la médaille d'or.

244 (3082). MM. *Sabran* frères, à Nismes.—Leurs produits se placent très bien dans les Espagnes. Ils ont présenté des dispositions nouvelles pour les fichus ; des foulards qui rivalisent très bien avec les foulards anglais, etc.—Médaille d'or.

245 (3095). MM. *Roux* frères, à Nismes.—On a remarqué des châles, dont la chinure de leur invention était appliquée sur le fond en guirlande, suivant le contour, l'exigence et la couleur du dessin.—Rappel de la médaille d'argent.

246 (3084). MM. *Barnouin* et *Bureau*, à Nismes.—Ils fabriquent de très bons articles, et ces exposans sont dans la voie du progrès.—Rappel de la médaille d'argent.

247 (3081). MM. Jean *Colondre* et *Prades*, à Nismes.—Leur fabrication est très bonne et leurs prix sont très modérés.—Ils font un commerce considérable avec les pays étrangers.—Médaille d'argent.

248 (3080). MM. *Bouet* et *Ribes* fils, à Nismes.—Ils ont envoyé des châles indoux et des châles thibets dont ils ont de bons débouchés.—Rappel de la médaille de bronze.

249 (3077). M. *Conte* (Antoine), à Nismes.—Sa fabrication est faite avec soin et à des prix modérés.—Rappel de la médaille de bronze.

250 (3079). M. *Constant* (François), à Nismes.

—Il y a dans sa fabrication dessins corrects, bon goût et prix modérés.—Médaille de bronze.

251 (3092). MM. *Mirabeau* et Cie, à Nismes.—Ils exposent pour la 1re fois et leurs prix sont très modérés pour des châles de 1 mètre 30 c., 1 m. 60 et 1 m. 80 c.—Médaille de bronze.

Châles imprimés sur tissus de soie pure ou mélangée.

252 (2560). M. *Troubat* (Louis), à Lyon.—Il a présenté, pour la 1re fois, des châles dont il augmente la valeur en imprimant dessus des dessins variés. — Il imprime jusqu'à 84 mille fichus par an.—Médaille d'argent.

253 (3091). MM. *Coumert-Carreton* et *Chardonnaud*, à Nismes.—Ont exposé des châles indoux brodés, imprimés de divers dessins.—Les prix sont très modérés, car ils établissent des châles 4|4 coton, imprimés, à 22 fr. la douzaine, et de 5|4 à 29 fr.—Médaille d'argent.

254 (2559). MM. *Jarrin* et *Trotton*, à Lyon.—Leurs châles imprimés sont confectionnés avec beaucoup de soins.—Médaille de bronze.

255 (2578). M. *Plantier*, à Lyon.—Ses châles en bourre de soie et en coton, imprimés à fonds unis, semés ou à rayures, étaient remarquables.—Mention honorable.

IIe PARTIE. — SOIES ET SOIERIES.

Ire SECTION. SOIES GRÈGES ET OUVRÉES.

Considérations générales.

L'industrie sérisicole, comme toutes les industries qui tiennent à la culture, se ressent de la routine qui accompagne les procédés concernant la matière première ; la main-d'œuvre est imparfaite, il faut qu'elle arrive jusqu'à l'intelligence des produits vendables, pour qu'elle puisse soutenir la concurrence sur les marchés français. On s'est aperçu déjà de cette baisse considérable, ou plutôt de cet état stationnaire de nos produits sérisicoles, à l'exposition de 1834, lorsque le jury regrettait que l'appel fait aux filateurs et aux mouliniers n'ait pas été entendu.

En 1839, peu s'en est fallu que pareille circonstance ne se représentât ; les échantillons de trame et d'organcin sont rares dans les salles ; les grèges sont plus abondantes, mais elles sont loin de représenter tout ce que récolte la France. On y rencontre à peine les produits de 2 départemens, ceux du Gard et de la Drôme, sur 14 départemens sérisicoles, et quand la production territoriale, dans cette industrie, représente plus de 100 millions de francs, élevés à plus du double par la fabrication.

Cependant il est heureux de trouver, en dédommagement, les produits qu'ont envoyés plusieurs départemens nouveaux, tels que la Charente, l'Allier, la Vienne, la Seine-et-Marne, lesquels se sont imposé de grands sacrifices pour prouver à la France que la culture du mûrier peut être étendue sous toutes les latitudes. C'est à cette louable émulation que l'on doit les perfectionnemens apportés à l'éducation des vers à soie, et surtout la fondation de plusieurs écoles d'expérimentation qui jetteront un grand éclat sur nos magnaneries. On ne saurait croire l'influence que devra produire un système régulier d'éducation pour les vers à soie, puisque la récolte des cocons, même avec les mûriers existans, serait suffisante pour remplir le déficit qui existe entre la production nationale et la consommation de nos fabriques. Ainsi par exemple, en 1839, le tirage des cocons et le moulinage des soies ont acquis des perfectionnemens notoires; on a vu des procédés nouveaux pour la fixité des croisures, la disparition des mariages des fils, la régularité des brins, etc.

Le jury, dans son rapport, regrette que le métier *Guilloni* fasse défaut à l'exposition. C'est pourtant une machine qui méritait d'attirer les regards de l'observateur; par une seule opération on peut, avec elle, filer le cocon, doubler et tordre la soie; former des capiures à tours comptés avec une très grande régularité. Les seuls métiers-modèles que l'on puisse citer avec avantage, ont été ceux de MM. Christian frères, d'Argenteuil; d'après leurs procédés, le tirage des cocons s'opère en donnant un premier apprêt à la soie.

256 (1773). MM. *Chartron* père et fils, à St-Vallier et à St-Donat (Drôme).—La manufacture de ces industriels est très importante ; elle embrasse tous les travaux relatifs à la confection des tissus de soie, mais leur spécialité est dans la fabrication des capes. Cette fabrication est très étendue, puisqu'elle consomme annuellement 12 mille kilos de soie.—Rappel de la médaille d'or.

257 (3055). M. *Teyssier-Ducros*, à Valleraugue (Gard).—M. Teyssier fait passer, dans sa fabrication, un plus long espace au fil de soie, entre la bassine et l'asple; il évite les collures qui occasionnent un grand déchet au dévidage. Il a exposé des échantillons filés depuis 3 jusqu'à 32 cocons.—Rappel de la médaille d'or.

258 (1606). MM. *Lioud* et Cie, à Annonay (Ardèche). — MM. Lioud ont exposé des trames blanches en 9|10 cocons, filées avec un soin extrême, et d'une blancheur éclatante, destinées à satisfaire à la confection des plus belles dentelles et blondes de Paris et de Caen.—Rappel de la médaille d'or.

259 (2458). MM. *Langevin* et Cie, à la Ferté-Aleps (Seine-et-Oise).—Ces industriels mettent en œuvre le déchet des soies fait au moulinage, appelé vulgairement *bourre de soie*; industrie d'importation anglaise qui a été perfectionnée dans l'établissement que nous signalons. Leurs

filés, dits *fantaisies*, destinés à la confection des châles-Tibets, sont très remarquables et peuvent rivaliser avec les plus beaux cachemires. Leur production excède 12 mille kilos.—Rappel de la médaille d'or.

260 (2486). M. Camille *Beauvais*, aux Bergeries (Seine-et-Oise).—Cet exposant a rendu les plus grands services à l'industrie sérisicole; les produits qu'il récolte s'élèvent à 90 kilos pour 1000, quand la moyenne, dans les départemens du midi, n'excède pas 35 kilos. Ce qu'il y a surtout de remarquable dans ses magnaneries, c'est l'emploi des nouveaux procédés et des moyens méthodiques, qu'il serait à désirer de voir mis à exécution dans les ateliers du midi. Il a, de plus, établi une espèce d'école normale ouverte à tous les fabricans de soie, et dans ce but, il a composé un traité sur la taille des mûriers.—On a remarqué, parmi ses produits exposés, des cocons blancs dont les chrysalides ont été éteintes par un air chaud de 70 degrés, les jaunes ont été desséchés sous une température de 30 degrés seulement, et sous l'influence d'une énergique ventilation. —Médaille d'or.

261 (3056). M. *Chambon* (Louis), à Alais (Gard). —M. Chambon a exposé des grèges en 3[4, 4[5, 5[6, 6[7 cocons, jaunes et blanches, d'une pureté remarquable, ainsi que des grenadines pour tulles, fabriquées avec les plus belles soies de 11[12 deniers, lesquelles peuvent être placées au 1er rang de la production française. Il est, en

outre, l'inventeur d'un appareil destiné à éviter les mariages des bouts à la sortie de la bassine. Il a aussi fait des essais pour perfectionner les capiures ou la mise en écheveaux, en cherchant principalement à produire une grande économie dans la main-d'œuvre.—Médaille d'or.

262 (1774). M. *Eymieux* (Pascal), à Saillans (Drôme).— A obtenu, en 1816, un brevet pour les presses à peigner les bourres de soie; il a également perfectionné la cardaison de ces matières. Leurs produits sont destinés au tissu des chapeaux de soie. Il a exposé des fils de différentes qualités; son no 120 est très remarquable; le prix de ses filés varie de 4 fr. 25 à 24 fr. 50 le kilo.—Rappel de la médaille d'argent.

263 (1771). MM. *Barral* frères, à Crest (Drôme). —Leurs produits exposés consistent en organsins d'une bonne ouvraison, destinés au tissage des satins.—Rappel de la médaille d'argent.

264 (2137). MM. *Delarbre-Aigoin*, à Ganges (Hérault).—Ces industriels exploitent un établissement, produisant annuellement 5 mille kilos de filature et 10 mille d'ouvraison; leur marque est au 1er rang sur nos marchés, et porte concurrence au moulinage du Piémont. Il eut été à désirer que l'exemple de MM. Delarbre-Aigoin fût suivi par les fabricans des Cévennes, et que les produits des habiles fileurs de cette contrée fussent moins rares.—Médaille d'argent.

265 (1772). M. *Faure* (Ernest), à Saillans (Drôme).—M. Faure a adopté la double tavelle pour

la croisure de ses soies; ses organsins seront très recherchés pour le lissage des satins.—Médaille d'argent.

266 (3054). MM. *Carrière* et *Reidon*, à St-André de Valborgne (Gard).—C'est aux Cévennes qu'appartient leur filature, aussi leurs grèges ne se recommandent pas par l'éclat de leur blancheur, à cause des produits de la contrée, mais elles sont à bouts, noués et sans mariages, ce qui diminue beaucoup leur déchet à l'ouvraison.—Médaille d'argent.

267 (1768). MM. *Noyer* frères, à Dieu-le-Fit (Drôme). Leurs organsins jouissent d'une belle réputation; et le moulinage leur doit de grands progrès.—Rappel de la médaille de bronze.

268 (2519). M. *Alexandre*, à Lyon (Rhône).—Les échantillons de M. Alexandre sont parfaits; cependant ils sont trop bornés pour pouvoir juger du développement de leur fabrication.—Médaille de bronze.

269 (1770). M. *Cornud*, à Montélimart (Drôme).—M. Cornud en est à sa 1re exposition; les manteaux d'organsin qu'il a soumis à l'examen du jury lui ont mérité des encouragemens, qu'il s'efforcera de justifier en 1844.—Médaille de bronze.

270 (3090). MM. *Fabregue-Nourry* et *Nourry* frères, à la maison centrale de Nîmes (Gard).—Cette maison se signale par la double manutention du peignage et du tissage des déchets de soie et de la laine. Elle a exposé des fantaisies

de costes et frisons à 13 fr. 50 le kilo, 2e qualité, et 15 fr. 1re qualité; ainsi que des cardettes ou débris de bassines qui peuvent se donner à 60 c. l'aune. — Médaille de bronze.

271 (1608). M. *Pradier*, à Annonay (Ardèche). Il a exposé un échantillon de grège blanche, sans mariage et filée à 8 cocons. Cette soie est très remarquable. — Médaille de bronze.

272 et 273 (1728) (1727). MM. *Millet* et *Robinet*, à Poitiers (Vienne), Mme *Millet*, à la Cataudière (Vienne). — Ces exposans ont apporté des produits qui le disputent aux soies des Bergeries et d'Annonay. Le département de la Vienne leur doit une magnanerie modèle, ainsi qu'un sérimètre dont M. Robinet est l'inventeur, et qui est un instrument destiné à faire connaître la tenacité et l'élasticité de la soie. — Médaille de bronze.

274 (1609). M. *Dumaine*, à Tournon (Ardèche). — La soie de cet exposant est très légère et très propre à la fabrication des crêpes, au titre de 8|9 en grèges, et 19|20 en organsin. — Médaille de bronze.

275 (1769) M. *Gerin* fils, à Valence (Drôme). — Cette filature, en activité depuis 4 ans seulement, a fait de notables progrès, à en juger par les grèges en 4 ou 6 cocons qui ont été exposés. — Mention honorable.

276 (1821). M. *Guénard*, à St-Yrieix (Charente). Cet industriel a propagé dans la Charente la plantation des mûriers ; les résultats qu'il a obtenus sont très importans. — Mention honorable.

277 (1961). M. *Maraval*, à Lavaur (Tarn).— Le jury, tout en appréciant les produits de cette filature, trouve que le pliage en est disgracieux, les paquets trop courts, et le guindrage trop raccourci ; ce défaut, commun aux soies de Lavaur, nuit essentiellement au dévidage.— Mention honorable.

278 ( ). M. *Pelle*, à Soissons (Aisne). Soie blanche, d'une couleur éclatante.— Mention honorable.

279 (2136). M. *Mercier*, à Montpellier (Hérault). — Grège de 6|7 cocons, bien filée et nette. — Médaille de bronze.

280 (1775). M. *Planel*, à Saillans (Drôme).— Fantaisies de frisons et cardettes, très bien traitées.— Médaille de bronze.

281 (2512). M. *André* (Jean), à Villeneuve, près la Rochelle. — Flottes blanches, d'un éclat éblouissant. — Médaille de bronze.

282 (3378). M. *Barot*, au Petit-Bourg (Guadeloupe). — M. Barot a envoyé 2 flottes soie grège, jaune, récoltée et filée à la Guadeloupe, au titre de 5|6 cocons. Ces produits sont beaux, mais leur fabrication est imparfaite, cependant elle est de nature à engager le gouvernement d'encourager cette industrie dans nos colonies.— Mention honorable.

283 (3379). Anonyme. — Echantillon de soie grège filée à la Martinique, inférieur au précédent.— Mention honorable.

284 (1885). M. *Cordière-Villalongue*, à Perpi-

gnan (Pyrénées-Orientales).—Soies blanches 5[6 cocons provenant de graines fournies par M. Camille Beauvais.— Citation.

285 (1962). MM. *Rivière* (J.-P.),
286 (1963). *Faure* frères et *Rivière*,
287 (1964). *Jan* François et *Sepet*,
288 (1960). *Lagassé* et *Mulinier*,
289 (1965). *Rassié* et *Donadille*,
290 (1966). *Rivals* (Armand).
} à Lavaur (Tarn).

—Echantillons de soie blanche, très bons, mais n'ayant pas assez de nerf et de netteté, parce que la nature des cocons de ces contrées ne se prête pas à la confection des soies fines.— Citation honorable.

291 (1215). M. *Boullenois*, à Valenton (Seine-et-Oise).—Echantillon filé aux Bergeries.—Citation honorable.

292 ( ). M. le colonel comte *de Francheville*, à Vannes.— Une flotte soie blanche.—Citation.

293 (2251). M. *Ametot*, maire à la Mivoye (Loiret).— Soie blanche d'une belle qualité.— Citation.

294 (1990). M. *de Tillancourt*, à Soissons (Aisne).— Cocons et soie blanche, provenant de graines de la Chine.— Citation.

295 (2014). M. *Tallard*, à Moulins (Allier).— Cocons et soie jaune et blanche.—Citation.

296 (3062). M. *Mirial*, à Anduze (Gard).— Echantillons de fantaisie peignés par un procédé de son invention.— Citation.

297 ( ). M. *Gaymard*, à Grenoble (Isère).— Echantillon de grège.— Citation.

298 (2292). M. *Cournier*, à St-Romans (Isère).— Organisation d'un moulin à soie de son invention.— Citation.

299 (2187). M. *Ratier*, à Jay (Seine-et-Marne). — Une flotte blanche.—Citation.

300 (2250). M. le général comte *de Potier*, à Lancy (Loiret).—Echantillon de soie blanche.— Citation.

301 (1665). Mlle *Sommier*, à Dijon (Côte-d'Or). —Echantillon de grège et de costes peignées.— Citation.

302 (1682). M. *Fournier*, à May (Seine et Marne) — Soie récoltée dans ses propriétés.— Citation.

303 (1895). M. *Tourzel*, à Arras.— Echantillon de soie jaune.— Citation.

304 (1882). M. *Augé*, à Perpignan.—Flotillons de soie de différens titres.—Citation.

305 (647). M. *Boucher*, rue Thévenot, 15 bis, à Paris.—A exposé des cocons de vers à soie et des échantillons de soie grège.

306 (1984). M. *Pille*, à Soissons (Aisne). — A envoyé une boîte renfermant de la soie.

307 (2294). M. *Gueymard*, à Grenoble. — A exposé des échantillons de soie.

Soies à coudre et cordonnets de soie.

308 (648). M. *Hamelin*, à Paris, rue St-Denis, 264.— Les produits de cet exposant, destinés à la

passementerie, se distinguent par la pureté et l'éclat des couleurs. Dans son établissement des Andelys, fondé en 1829, la soie y est dévidée, doublée et torse ; on y occupe 160 ouvriers ; on y emploie à peu près mille kilos de soies grèges de diverses sortes par mois.— Médaille d'argent.

309 (3057). MM. *Brugnière* et *Boucciran,* à Nîmes. —Ont exposé des soies à coudre de couleurs variées ; leurs produits vont en Amérique et font concurrence avec Naples.— Médaille d'argent.

310 (1515). M. *Chardin,* à Paris, rue St-Denis, 175.—A exposé des soies à coudre, soies mi-torses pour la broderie, cordonnets pour lignes anglaises, qui se vendent en Amérique. Sa fabrique, établie à Neuilly-en-Telle (Oise), fournit les manufactures royales.—Rappel de la médaille de bronze.

311 (3058). MM. *Rouvière* frères, à Nîmes.— Ont exposé des soies à coudre de diverses couleurs, qui peuvent entrer en concurrence avec celles de Paris.— Médaille de bronze.

IIe SECTION.—TISSUS DE SOIE, RUBANS DE SOIE.

Considérations générales.

Lyon est à la tête de cette industrie ; depuis 1834, cette ville importante n'a rien négligé pour conserver sa prééminence, c'est toujours à elle que l'étranger s'adresse pour les plus beaux tissus de meubles, les plus belles étoffes de luxe. En 1809, le nombre de métiers était de 12 mille; en 1830, il était monté à 27 mille; et aujourd'hui, on en compte 34 mille en ville et 9 mille dans la campagne, malgré le coup funeste qu'a porté à cette industrie indigène la crise financière des Etats-Unis.

La somme moyenne des exportations en tissus de soie, pendant chacune des 5 années qui ont précédé 1839, a été d'environ 80 millions de fr., y compris les rubans. . 30 id.

cela fait le chiffre de. . 110 millions de fr. Dans cette somme, n'est pas comprise la valeur des tissus mélangés de soie, de la bonneterie, de la passementerie, etc.

Cependant, les tissus unis légers ne sont pas d'une aussi belle qualité et à un prix aussi commode, que dans les fabriques de la Suisse, de la Prusse et de l'Italie, de sorte que les étrangers achètent maintenant à l'étranger ce qui revenait de droit à la France. Cette concurrence doit servir d'avertissement aux Lyonnais, qui, pour la plupart, ont déjà compris l'importance de fabriquer à bas prix, en transportant leurs ateliers dans la campagne.

En 1839, on a remarqué l'absence d'exposition des produits pour la chapellerie, mais la fabrication du velours y était honorablement représentée; aujourd'hui on fabrique du velours de 180 centimètres de large. Les étoffes rayées étaient aussi absentes, mais en revanche, on y voyait bon nombre d'étoffes de soie, imprimées sur chaîne par des procédés nouveaux.

L'invention du *battant-brocheur* a eu d'heureux résultats pour les brochés; on arrive, par ce mécanisme, à une notable économie.

Nous avons vu, avec peine, que la ville d'Avignon n'avait pas envoyé à l'exposition ses florences et sa marceline, qui jouissent d'une haute réputation. Nîmes s'est distinguée dans la fabrication de quelques étoffes rayées pour robes, et de tissus pour foulards et pour cravates.

St-Étienne et St-Chamond sont les deux principales villes où se fabriquent les rubans, avec une supériorité incontestable; cependant la Suisse porte une concurrence notable dans cette industrie, à cause de ses bas prix; il faut espérer que nos industriels feront attention à cette remarque, en présence des 30 millions d'exportations que rapporte à la France cette fabrication.

§ 1. *Soiries de Lyon.*

312 (2545). **M.** *Berna-Sabran*, de Lyon. — Les produits de cet exposant consistent en étoffes de soie trame laine et de laine trame soie pour robes et pour manteaux; châles fond grenadine brochés laine et fond thibet, châles riches destinés à l'exposition; damasquinés soie et laine façonnés, robes, châles satinés façonnés, étoffes mandarines soie et coton, châles tartans damassés; châles brésiliens brochés laine, et châles Lahor brochés cachemire. Tous les produits, dont l'exposant est le créateur, jouissent d'une vogue méritée. Son établissement, situé près de l'île Barbe, renferme 200 métiers Jacquart, qui occupent 3 à 400 ouvriers. Cette maison fait plus d'un million et demi d'affaires.—Rappel de la médaille d'or.

313 (2508). MM. *Ollat* et *Desvernay*, à Lyon. —Ont exposé un très bel assortiment de fichus, colliers, cravates, écharpes, et châles de soie 6|4, des étoffes brochées de satin, des gros de Tours, des velours de Mecklembourg soie et coton, des fourrures de soie imitant la panthère, le martre et l'hermine, article qui s'exporte en grande quantité pour l'Amérique. Cette maison occupe journellement 200 métiers, donnant du travail à 350 ouvriers. — Rappel de la médaille d'or.

314 (2547). M. *Yemeniz*, de Lyon.—A exposé des pous-de-soie bosselés or, des velours coloriés, ciselés, des brocarts et des brocatelles pour ameublemens et ornemens d'église. Ces produits magnifiques sont destinés pour la France et l'Orient.—Rappel de la médaille d'or.

315 (2558). MM. *Grand* frères, de Lyon.—Ont exposé de magnifiques étoffes pour meubles et ornemens d'église, ainsi que divers tissus renaissance et des fleurs naturelles, d'un goût parfait; on a remarqué surtout un velours brocart,

dit velours roque, broché sur fond ponceau, d'une exécution admirable. — Rappel de la médaille d'or.

316 (2518). MM. *Mathevon* et *Bouvard*, de Lyon.—Ont exposé des brocarts d'or et d'argent, des damas, des lampas et des satins brochés, parmi lesquels on a cité, avec admiration, un brocart d'or et d'argent magnifique, ainsi que d'autres étoffes à guirlandes, exécutées au moyen d'un nouveau battant-brocheur.— Rappel de la médaille d'or.

317 (2550). MM. *Lemire-Danguin* et Cie, de Lyon. — Ont exposé des damas, des brocarts d'or et d'argent, des brocatelles et des satins liserés, ainsi qu'une étoffe 6|4 de large pour rideaux, fond satin uni bleu ciel, dont tout le monde a admiré l'exécution. — Cette maison travaille principalement avec le Levant et les cours étrangères.—Rappel de la médaille d'or.

318 (2526). MM *Potton* et *Crozier*, de Lyon. —Ont exposé des étoffes pour robes en gros de Naples, reps, satin et armures façonnées. Cette maison fournit beaucoup en Angleterre, elle occupe 500 métiers, et paie à ses ouvriers plus de 500 mille francs par an. —Médaille d'or.

319 (2532). MM. *Maurier* et Antoine *Bernard*, à Lyon.—Les satins, les moires et les velours exposés par ces fabricans, ont 6|4 de large, ce qui est d'une grande difficulté. — Médaille d'or.

320 (2506). MM. *Godemar* et *Meynier*, de Lyon. —Ont exposé des étoffes de soie façonnées, fond

satin, fond gros de Tours et fond moiré, fabriquées au moyen d'un battant à époullins brocheurs, de leur invention.—Médaille d'or.

321 (2548). MM. *Didier*, *Petit* et Ce, de Lyon. — Ont exposé des étoffes pour meubles et ornemens d'église, des étoffes riches pour l'Allemagne et la Turquie. Ces fabricans sont cités, parmi les Lyonnais, pour leur habileté et le mouvement qu'ils donnent à l'industrie du pays. Ils ont exposé un portrait de Jacquart d'une exécution remarquable.—Rappel de la médaille d'argent.

322 (2557). MM. *Cinier* et *Fatin*, de Lyon.— Ont exposé des étoffes riches pour ameublemens et ornemens d'église, des échantillons d'étoffes en dorures pour le Levant, des satins riches pour robes de cour et gilets de bal; des châles fond satin façonnés à grands ramages. Cette maison se distingue par l'exécution des ornemens d'église, en or mi-fin et en argent mi-fin, à la portée des paroisses les moins riches.—Rappel de la médaille d'argent.

323 (2531). MM. *Servant* et *Ogier*, de Lyon.— Étoffes à gilets en soie pure et soie et coton; cette maison est la première qui ait fabriqué ces sortes d'étoffes dès 1830; elle en fabrique pour 120 mille aunes par an, dont 40 mille en soie, et 80 mille en soie et coton.—Rappel de la médaille d'argent.

324 (2540). MM. *Burel* frères, à Lyon.—Etoffes pour ornemens d'église, gilets, châles 6|4 en velours façonnés, châles fond satin uni en des-

sins riches, d'une exécution parfaite.—Rappel de la médaille d'argent.

325 (2568). MM. *Arquillière* et *Mouron*, à Lyon. —Ont exposé des étoffes de soie noire gros de Suisse, à des prix très modérés ; des lustrines Florence, les premiers articles de ce genre imités en France. On a remarqué une étoffe appelée cuir-soie, qui contient 12 mille fils de chaîne dans une largeur de 18 pouces. Ces fabricans ont rendu de grands services à l'industrie des soies, en confectionnant des qualités parfaites, à des prix capables de surmonter toute espèce de concurrence étrangère.—Médaille d'argent.

326 (2515). M. *Girard* neveu, de Lyon. — A exposé des velours unis de diverses couleurs, des étoffes pour gilets et des châles 6|4 façonnés, fond satin et fond velours. Ce fabricant excèle surtout dans la fabrication du velours de soie.—Médaille d'argent.

327 (2525). MM. *Ricard* et *Zacharie*, de Lyon. —Ont exposé des étoffes fond satin et fond velours pour manteaux, gilets et tabliers, et des châles 6|4 fond satin et fond velours, brochés nués.—Médaille d'argent.

328 (2573). M. *Savoye*, de Lyon. — A exposé des velours unis de diverses couleurs. Cette maison est recommandable par la perfection de ses belles étoffes unies. Médaille d'argent.

329 (2521). MM. *Eymard-Drevet* et Cie, à Lyon. — Ont exposé diverses étoffes façonnées pour robes, manteaux et cravates, et des étoffes

poil de chèvre brochées. Ces fabricans ont, les premiers, donné de l'extension à l'époulliné, et leurs produits ont donné naissance à une infinité de battans-brocheurs. Ils ont aussi broché des fleurs en soie sur des tissus de coton pouvant se laver. Les châles-chenilles qu'ils ont exposés sont très bien fabriqués.

330 (2511). M. Victor *Fournel*, de Lyon. — C'est par la fabrication des taffetas 15|16 pour meubles que se distingue cette maison. Elle a inventé un nouveau façonné fort riche, avec lequel, à l'aide d'une chaîne blanche, on orne le fond d'un dessin imitant la broderie. Cette étoffe n'a pas d'envers.—Médaille d'argent.

331 (2553). MM. J.-B. *Charles*, de Lyon.— Ces fabricans ont, les premiers, mélangé avec la soie le cordonnet, et en ont fait des étoffes pour robes et pour cravates, ornés de dessins, d'une vente très facile.—Médaille d'argent.

332 ( ). M. *Roussy*, de Lyon.— Il n'est pas exposant, mais il a eu le droit de concourir aux récompenses décernées, parce que depuis près de 20 ans il est chef d'atelier, et qu'en 1827 il trouva un procédé au moyen duquel il parvint à tisser un brocart 4|4, qui fit honneur à la fabrique de Lyon.—Il est l'inventeur du *régulateur-Roussy*, auquel il ajoute une roue limaçon, qui permet à l'ouvrier de connaître la quantité d'étoffes qu'il fabrique.—Il a aussi inventé une bascule à poids fixes.—Médaille d'argent.

333 (2576). M. *Boyer* aîné, de Lyon.—Etoffes

soie chinées, de divers dessins, pour robes et pour châles. Cette fabrication a beaucoup d'avenir.—Médaille de bronze.

334 (2561). MM. *Vucher*, *Regnier* et *Perrier*, à Lyon.—Ont exposé un grand assortiment de fichus, châles et écharpes, très bien exécutés. Ces produits se distinguent par leur goût et leur prix modéré.

335 (2551). MM. *Chastel* et *Rivoire*, à Lyon.—Etoffes brochées pour robes, fond gros de Naples, et gros de Tours, d'une exécution très soignée.—Médaille de bronze.

336 (2139). MM. *Troupel-Turs* et *Favre*, à Embrun (Hautes-Alpes).—Satins noirs pour gilets, en soie et crin pour cols, serges noires pour doublures, déchets de soie cardés, laines peignées, draps croisés et tissus de laine et fil.—Médaille de bronze.

337 (2529). M. *Amblet*, à Lyon.—Ce fabricant est l'inventeur d'un battant-brocheur, avec lequel il a confectionné des coupons de velours brochés très bien exécutés, et avec une très grande économie de main-d'œuvre.—Médaille de bronze.

338 (2542). M. *Grosboz*, à Lyon.—Etoffes pour ameublemens et ornemens d'église, ainsi que des étoffes fond satin broché pour robes, de couleurs variées et exécutées avec soin.—Mention honorable.

339 (2524). M. *Lambert-Franchel*, à Lyon.—Étoffes soie façonnées pour robes et pour gilets,

velours façonné, velours ciselé pour robe, sur un fond gaz de différens dessins, sans aucune découpure, article nouveau, d'une exécution difficile. — Nous avons aussi remarqué également des florences d'Avignon et des satins unis pour gilets. — Mention honorable.

340 (*). M. *Duchamp* est un ouvrier qui a beaucoup contribué à améliorer le procédé de fabrication. — Le jury lui accorde la Mention honorable.

341 (*). M. *Buffard*, de Lyon, est sur le même degré que le précédent. — Mention honorable.

342 (2539). M. *Salles* jeune et Cie, à Lyon. — Châles 7/4, soies imitant la dentelle, fond uni, fond glacé, et fond rayé cachemire, d'un effet agréable. — Citation.

343 (2577). Mme veuve *Clément*, à Lyon. — A exposé un petit et un grand collier rose en soie, forme boa, l'un de 1/3 d'aune à 5 f., l'autre de 2 aunes à 20 francs. — Citation.

344 (3251). M. *Servanton*, à Saint-Chamond (Loire). — A exposé des satins unis qui méritent des éloges.

§ 2e. *Rubans de Soie.*

345 (3248). M. *Dugas* et Cie, à St-Chamond. — Ont exposé des rubans façonnés, élégans et riches. Cette maison, la plus ancienne de Saint-

(*) Il n'a rien exposé et n'a pas de numéro d'ordre.

Chamond, occupe 2 mille ouvriers, et fait plus d'un million et demi d'affaires. — Rappel de la médaille d'or.

346 (3239). MM. *Faure* frères, à Saint-Etienne. — Cette maison confectionne les plus beaux articles; elle occupe 1200 ouvriers, et emploie un battant-brocheur, au moyen duquel on peut faire 5 à 6 rubans sur le même métier au lieu d'un seul, ce qui diminue la façon des rubans. — Médaille d'or.

347 (3246). M. *Vignat-Chevet*, à St-Étienne. — Cette maison fabriquait autrefois des cordons pour ceintures, dans la perfection; la mode ayant changé, elle s'est mise à fabriquer des rubans larges pour chapeaux, et des chinés qui sont très goûtés. — Médaille d'or.

348 (3337). MM. *Balay* fils, à Saint-Etienne. — Ont exposé des rubans de satin unis, à bas prix, fabriqués avec des soies grèges, teintes en pièces. Cette maison occupe plus de 2 mille ouvriers. — Médaille d'argent.

349 (3241). MM. *Martin* et Cie, à St-Etienne. — Ont exposé des rubans façonnés, d'un goût parfait. Cette maison sera bientôt l'une des premières de Saint-Etienne, si elle continue à marcher dans la même voie de prospérité et de succès. — Médaille d'argent.

350 (3243). MM. *Robichon* et Ce, à Saint-Etienne. — Rubans et Echarpes façonnés, très recherchés dans le commerce. — Médaille d'argent.

351 (3252). M. *J.-B. David*, à St-Étienne. —

Rubans velours unis de toutes les couleurs, rubans taffetas noir unis et galons de soie pour la cordonnerie. Tous ces articles sont à bas prix. —Médaille d'argent.

352 (3249). MM. *Bertholon-Souchon*, à St-Chamond.—Rubans de satin et de taffetas façonnés, très légers et d'un dessin très goûté, surtout en Angleterre.—Médaille d'argent.

353 (42). M. *Dutron*, à Paris.—Cette maison s'occupe spécialement des rubans d'ordres et des rubans pour ceintures, et cordons de montre.—Rappel de la médaille de bronze.

354 (3242). MM. *Mesnager* frères, à St-Étienne. —Rubans satin unis et façonnés, bonne qualité, d'un prix modéré, en écru avec des soies grèges, teintes en pièces. Cette maison occupe 800 ouvriers.—Médaille de bronze.

355 (3245). M. *Tezenas-Calay*, à St-Étienne. —Echantillons de rubans façonnés, remarquables par leur bonne confection.—Médaille de bronze.

356 (3250). MM. *Grangier* frères, à St-Chamond.—Rubans façonnés de divers dessins, très bien exécutés; châles et écharpes de gaze façonnée, à des prix modérés, qui s'exportent principalement en Amérique.—Médaille de bronze.

357 ( ). MM. *Magnin* père et fils, à St-Chamond.—Rubans façonnés de divers dessins, d'une exécution parfaite et très recherchés dans le commerce.—Médaille de bronze.

358 (3238). MM. *Chaize* et Cie, à St-Étienne. —Rubans façonnés de dessins variés et d'un effet agréable.—Mention honorable.

359 (3359). M. *David-Dubouchet*, à St-Chamond.—Collection de rubans façonnés et brochés pour ceintures, en forte qualité.—Mention honorable.

360 (414). MM. *Jamet* et Ce, à St-Étienne.—Rubans de satin unis, de diverses largeurs et variés de couleurs, à des prix très modérés.—Mention honorable.

361 (3244). MM. *Prud'hon* et Ce, à St-Étienne. —Rubans façonnés, échantillons de rubans épinglés en long, d'une exécution difficile et d'un effet agréable.—Mention honorable.

362 (3247). M. *Renodier*, à St-Étienne.—Echantillons de rubans taffetas noir unis et galons, d'une excellente qualité et d'un prix modéré.

§ 3e. *Soieries et articles de Nismes.*

363 (3098). MM. *Dhombres* (Michel) et Cie, à Nismes.—Ont exposé des fichus, des châles de soie et des foulards de divers dessins, d'une fraîcheur remarquable; des échantillons de coton rouge d'Andrinople, des tissus de grenadine sur lesquels ces fabricans ont, les premiers, appliqué l'impression au moyen de la vapeur.—Rappel de la médaille d'argent.

364 (3078). M. Antoine *Puget*, à Nismes.—A exposé des florences et des marcelines unies et

rayées, des fichus et des châles imprimés de diverses dispositions, d'une belle exécution et d'une bonne fabrication, à des prix modérés.— Médaille d'argent.

365 (3088). MM. *Gaidan* frères, de Nismes.— Foulards imprimés, remarquables par la couleur et le dessin, cravates unies et imprimées, d'un effet agréable.—Médaille d'argent.

366 (3096). MM. *Jourdan* fils et Cie, à Nismes. —Fichus de soie variés et foulards imprimés, foulards de poche. Cette maison s'est occupée d'un procédé de garançage avec succès. Ces divers articles se fabriquent chez eux et s'impriment dans leur atelier, qui se compose de 35 tables.

367 (3097). MM. *Daudet* jeune et *Chabaud*, de Nismes.—Ont exposé des cravates de satin broché et de taffetas noir, des foulards de soie imprimés pour robes et pour cravates, des foulards de poche imprimés sur grenadine. Leur atelier d'impression se compose de 35 tables.- Médaille d'argent.

368 (3086). M. *Bousquet-Dupont*, à Nismes. —Fichus de divers genres, foulards anglais garancés à très bas prix et bien soignés — Rappel de la médaille de bronze.

369 (3089). M. *Combié-Rossel*, de Nismes.— A exposé des étoffes de soie imprimées et une étoffe pour robes, dite *Andrienne*, ainsi qu'une étoffe pour écharpes, soie cuite sans envers. — Rappel de la médaille de bronze.

370 (3087). MM. *Maximin-Baragnon* et Ce, à Nismes.—Foulards et fichus divers, d'une fabrication soignée, foulards de poche et foulards enluminés pour sautoirs, très goûtés.—Médaille de bronze.

371 (3104). MM. *Daudet* et Ce, à Nismes.—Foulards imprimés, fichus de soie variés, imprimés et façonnés, cravates en gros de Naples et taffetas noir.—Mention honorable.

372 (3085). MM. *Hauvert* fils, *Ducros* et *Saussine*, de Nismes.—Châles, fichus, écharpes, étoffes imprimées pour robes ; ces étoffes sont faites les unes sur chaîne fantaisie et les autres sur chaîne coton ; leurs mousselines brochées tout coton, sont destinées à remplacer les mousselines-laine de Paris.—Mention honorable.

§ 4e. *Peluches de soie.*

373 (2031). MM. *Massing*, *Huber* et Ce, à Puttelange (Moselle).—Ont exposé des peluches de soie pour chapeaux, et entre autres, une peluche imitant le feutre, d'un très joli reflet. Cette fabrique est la première du pays, elle date de 1833, et son accroissement est prodigieux, puisqu'ayant commencé avec 40 ouvriers, elle fait aujourd'hui pour plus d'un million d'affaires par an.—Médaille d'or.

374 (2030). M. *Schmaltz*, à Metz (Moselle).—A exposé des peluches de soie pour chapeaux.

Cette maison emploie des trames au lieu d'organsins, ce qui occasionne un plus bas prix et en facilite l'exportation. — Médaille de bronze.

IIIe PARTIE. — Fils et Tissus de Coton.

Ire SECTION. — FILATURE ET RETORDAGE.

§ 1er. *Filature du coton.*

L'industrie cotonnière, qui avait été si prospère en 1834, n'a apporté, en 1839, que des résultats précaires; la crise qu'elle avait éprouvée dans cet intervalle, et les plaintes qui ont surgi de toutes parts, ont été la cause d'un ralentissement considérable dans la fabrication et dans l'écoulement de ces produits. En effet, il est tel département, celui du Haut-Rhin, par exemple, où le prix de façon du filage s'est trouvé réduit, en trois ou quatre années, de 3 fr. 20 cent. à 1 fr. 07 cent. Une pareille dépréciation a forcé la fabrication dans ses derniers retranchemens, sans augmenter la consommation, et le nombre des petites filatures s'est accru au détriment des grandes; l'industrie s'est morcelée et les produits ont gagné en quantité ce qu'ils devaient perdre en qualité. Le peu de bénéfices que l'on trouve à exploiter cette industrie ; voilà les causes de la crise que le gouvernement était appelé en 1839 à conjurer, en facilitant principalement l'exportation. Certes il y a là de quoi s'en occuper, puisque l'industrie cotonnière donne du pain à 70 mille ouvriers en France, et que la valeur des filatures peut être estimée à environ 120 millions de francs.

Cependant, l'exposition de 1839 a vu de notables améliorations s'introduire dans les filatures ; nous citerons : la substitution des chaînes à broches aux métiers en gros, ainsi qu'un meilleur choix dans les cotons pour chaque série de numéros, comme par exemple dans les numéros jusqu'à 80, la qualité s'est singulièrement perfectionnée. Il en est de même des tissus à la mode qui ne craignent pas la concurrence à l'étranger ; mais il faut que les exportations aillent de pair avec la production : de 1834 à 1838, l'exportation est restée à peu près stationnaire, et ne varie, dans l'espace de 5 ans, que de 2,289,828 kilog. à 3,363,985.

375 (1648). MM. *Dolfus Mieg* et Cie, de Mulhouse. — Ces fabricans occupent 4,200 ouvriers; leur filature produit 325,000 kilos de fil, dans les nos 30 à 150, qui produisent 25 à 30 mille pièces de calicot, et 20 mille de jaconas et mousseline ; une pareille fabrication a trop d'importance pour qu'on puisse ajouter quelque chose à la réputation dont elle jouit. Nous avons remarqué cette année un très beau fil chaîné no 84,

de coton récolté à Alger.—Rappel de la médaille d'or.

376 (1706). MM. *Nicolas Schlumberger* et Cie, à Guebwiller (Haut-Rhin). — Ont exposé des fils de coton en échevettes, en bobines et en canettes, depuis le no 5 jusqu'au no 300. Cette machine emploie 50 mille broches, principalement pour les numéros élevés. — Rappel de la médaille d'or.

377 (2090). M. Jacques *Hartmann*, à Munster (Haut-Rhin).—Ont exposé une série de filés, depuis le no 20 jusqu'au no 300, en parfaite qualité; mais la fabrication ordinaire de cet établissement, qui emploie 50 mille broches, est dans les nos 30 à 142. Cet honorable fabricant, mort en 1838, avait obtenu la croix d'honneur à l'exposition de 1834.—Rappel de la médaille d'or.

378 (2381). M. *Vantroyen-Cuvelier* et Ce, à Lille.—Ont exposé des filés pour chaîne en coton de Géorgie long, no 170, et du no 140 de coton jumel; des fils retors et gazés des nos 150 à 205 pour la fabrication du tulle, puis des fils cordonnet pour tissures dans les nos 80 à 120. —Rappel de la médaille d'or.

379 (3152). M. *Fauquet Lemaitre*, à Bolbec (Seine-Inférieure).—Ont exposé des échantillons dignes d'une fabrication renommée, et qui est la plus importante du département de la Seine-Inférieure; elle occupe 46 mille broches et 800 ouvriers.—Rappel de la médaille d'or.

380 (1660). M. Antoine *Herzog*, au Logelbach,

près Colmar. — A exposé une série complète de cotons filés dans les nos 60 jusqu'à 330, et dont on se plaît à citer la perfection. — Médaille d'or.

381 (2405). MM. Edmond *Cox* et Ce, à la Louvrière, près Lille. — Ont exposé des nos 132 à 205 pour mousseline, des 140 à 225 pour tulle, des 300 à 330 pour dentelle. Ces filés sont de la plus grande beauté, ils sortent d'un établissement monté pour filer les numéros les plus élevés, et qui remplit les meilleures conditions de progrès et de perfectionnement.

382 (2097). MM. Ch. *Næggely* et Ce, à Mulhouse. — Ces fabricans occupent la filature la plus considérable de France; elle est de 84 mille broches, et est mue par 5 machines à vapeur de la force de 200 chevaux; elle fabrique par jour 1500 kil. du n° 40 à 140. Ils ont exposé des filés qui le disputent aux filés anglais. — Médaille d'or.

383 (2329). MM. *Seillière*, *Provental* et Ce, à Senones (Vosges). — Ont exposé une série de filés du n° 30 à 330, des calicots et des percales d'une bonne fabrication. Ces fabricans produisent annuellement 160 mille kilos de filés dans les nos 30 à 200. — Rappel de la médaille d'argent.

384 (2418). M. *Tesse-Petit*, à Lille. — A exposé des filés de coton, nos 180 et 280, gazés et cylindrés pour tulle et dentelle. — Rappel de la médaille d'argent.

385 (2086). MM. *Kœchlin Dolfus* et frères, à Mulhouse.—Ont exposé des filés pour chaîne et trame dans les nos 20 à 42, qui sont très recherchés par les tissages mécaniques d'Alsace. — Médaille d'argent.

386 (1647). M. Henri *Hofer,* à Kaysersberg (Haut-Rhin).—A exposé des filés en paquets et en bobines des nos 40 à 68 pour chaîne, dite tissage mécanique, dans la perfection. Cette filature emploie 20 mille broches mues par une chûte d'eau.—Médaille d'argent.

387 ( ). Filature d'Ourscamp (Oise).—Cet établissement a introduit le 1er, en Angleterre, les bancs à broches; il file par an 250 mille kil. nos 26 à 60, et autant des nos 9 à 18; il tisse environ 15 mille pièces.—Médaille d'argent.

388 (3140). M. *Piquot Deschamps*, à Rouen. —A exposé du fil n° 30 chaîne mull-jenny, remarquable en raison du peu de tors sans préjudice de la force du fil; les métiers continus de ce fabricant donnent de très beaux résultats.—Médaille d'argent.

389 (3136). M. *Pouyer-Hellouin*, à St-Vandrille (Seine-Inférieure). — A exposé des fils nos 24 et 26 pour la teinture rouge; il est l'inventeur d'un métier très économique, appelé le *rota-flotteur*, et qui doit remplacer le banc à broches.—Médaille d'argent.

390 (3141). M. *Vaussard* fils, à Boudeville (Seine-Inférieure).—A exposé des fils nos 36 pour trame et 28 pour chaîne, ainsi que des calicots

qui donnent beaucoup d'espoir.—Médaille d'argent.

391 (3177). M. *Cresset* aîné, à Rouen. — A exposé des filés pour chaîne, en écheveaux et en bobines, des nos 26 et 36, et des filés chaîne et trame n° 20, moitié déchet; le n° 36 pour fabrication du velours était très remarquable. — Médaille d'argent.

392 (1931). M. *Gervais*, à Caen (Calvados).— A exposé des cotons filés nos 16, 19 et 21 pour chaîne, d'une très bonne fabrication. — Rappel de la médaille de bronze.

393 (2382). M. *Courmont*, à Wazemmes (Nord). —A exposé trois paquets de filés pour chaîne, nos 200 à 228, très estimés.— Médaille de bronze.

394 (3145). M. *Lalizel* aîné, à Barentin, près Rouen.—A exposé du mull-jenny nos 20 et 26 pour chaîne, et du continu nos 22 et 24, d'une excellente qualité.—Médaille de bronze.

395 (1721). M. *Bour*, à Nancy.—A exposé des filés très estimés.—Mention honorable.

396 (3145). M. *Lalizel*, à Deville (Seine-Inférieure). — A exposé quinze pelotes de gros fil pour mèches.—Citation favorable.

§ 2. *Retordage du coton filé.*

397 (10). M. *Michelez* fils aîné, à Paris.— A exposé un assortiment complet de cotons filés retors, convertis en petites pelotes, et de bobi-

nes de cordonnets, de lacets, etc.; de fil d'Écosse d'une fabrication parfaite.—Rappel de la médaille d'argent.

398 (3). M. *Bresson* aîné, à Paris. — A exposé des cotons filés retors pour la bonneterie et pour la passementerie.—Médaille de bronze.

399 ( ). MM. *Laumaillier* et *Froidot*, à Paris.—Assortiment de cotons filés simples et retors, de leur établissement connu sous le nom de *retorderie hydraulique de Goye* (Oise).—Médaille de bronze.

400 (2376). M. Adolphe *Yon*, à Lille.—Fils retors, dits *fils de Chine*, vendus en France et à l'étranger, par petits paquets à 1 fr. 25 cent.—Médaille de bronze.

401 (2203). MM. *Blaise*, *Ludyer-Guéliot* et *Raoul*, à Guingamp; M. *Geoffroy*, à Paris.—Ont exposé des fils retors.—Citation favorable.

TISSUS DE COTON.

Considérations générales.

A l'exposition de 1839, les tissus de coton ont eu plus de succès que la filature, grâce à l'emploi des métiers mécaniques qui ont reçu, depuis 1834, de nombreux perfectionnemens, grâce surtout à l'application du métier Jacquart, qui apporte une si grande variété dans les produits.

Cependant, l'accroissement des métiers mécaniques ayant diminué les métiers à la main, le prix a considérablement baissé, et le tisserand s'est vu aux abois. Il faut ajouter à ces causes la crise financière qui a pesé, en 1836, sur l'Amérique du Nord, et qui a intercepté une grande partie de notre exploitation ; ensuite une autre industrie, celle des tissus de laine, est venue entraver à l'intérieur la consommation des cotonnades, à ce point qu'il s'en consomme annuellement plus de 200 mille pièces, qui représentent à peu près le double en pièces de cotonnades.

C'est principalement ce dernier article qui mérite quelque considération dans l'intérêt du consommateur, depuis que les tissus fins, tels que les guingams, ont perdu leur vogue. Maintenant on obtient des impressions riches, en cotonnades, de 1 fr. 30 à 1 fr. 60 le mètre ; on en a vu, en 1839, de très satisfaisantes à 60 cent. Les fabriques d'Alsace : Sainte-Marie, Ribeauville, Mulhouse, ont obtenu en ce genre une grande faveur ; cette contrée le dispute maintenant à la fabrication normande, surtout pour les madras.

La position des tissus clairs et légers s'est bien améliorée ; les mousselines ont fait des progrès notables, nos organdis ne le cèdent en rien aux organdis anglais; la fabrique de Tarare a l'honneur d'être à la tête de cette prospérité : malheureusement on a pu regretter qu'à l'exposition de 1839, il y ait eu si peu d'exposans dans ce genre d'industrie.

Nous avons remarqué les produits de la fabrique d'Alençon, qui tend à nous affranchir du tribut que la France paie à la Suisse pour les mousselines brodées; ainsi que ceux de la fabrique de Saint-Quentin, qui ont créé une industrie nouvelle due au métier Jacquart : les *mousselines brochées*.

Nous avons encore à signaler une grande amélioration dans la fabrication du tulle; cet article, qui se payait dans les premiers temps de 25 à 30 fr. l'aune, s'obtient aujourd'hui, aussi fin et aussi large, de 2 fr. 25 à 2 fr. 50 cent. l'aune.

§ 1er. *Tissus de coton serrés, unis, écrus et blancs.*

402 (1649). M. *Kœnig*, à Mulhouse —A exposé des calicots et des percales de toute finesse, d'une très belle qualité et d'un apprêt magnifique. Ce fabricant produit 7 à 8 mille pièces par an.—Médaille d'argent.

403 (2080). MM. *Ziègler* et Cie, à Mulhouse. —Ont exposé des calicots pour l'impression, et des jaconas, des percales et des mousselines façonnés à la Jacquart. On se plaît à citer l'habileté de ces fabricans qui emploient 1,600 ouvriers, et produisent 60 mille pièces de 40 aunes par an.—Médaille d'argent.

404 (1652). MM. *Fergusson* et *Borneque*, à Bavilliers (Haut-Rhin).—Ont exposé une grande

variété d'articles, des madapolams, des cretonnes, des satins pour pantalons, des cuirs-coton et une pièce de 24 échantillons de calicots brillantés.—Médaille d'argent.

405 (1726). MM. *Bompard* et Ce, à Nancy (Meurthe).—A exposé des calicots de toute finesse, des percales, des piqués, des flanelles croisées, des napolitaines, des mousselines-laine et coton.—Médaille d'argent.

406 (2128). Mme *Vallée-Leblond*, à Camelours, près Saint-Lo. — A exposé deux pièces mousseline mi-double, chaîne et trame retorses, à 5 mille fils en 3|4 de large, d'une très jolie fabrication.—Rappel de la médaille de bronze.

407 (2085). M. *Lefébure*, à Orbey (Haut-Rhin). —A exposé trois pièces calicot de 75, 85 et 100 portées.—Médaille de bronze.

408 (2415). MM. *Bulteau* et Ce, à Roubaix (Nord).—Ont exposé deux pièces de toile de coton à 45 cent. l'aune.—Citation favorable.

409 (2433). M. *Leclerre-Didus*, à Roisel (Somme).—A exposé quatre coupes de linge de table. —Citation favorable.

410 (1719). MM. *Horrer-Martin* et *Rozat*, à Blamont-sur-Meurthe. — Ont exposé deux draps de lit et deux chemises, dont la toile est filée et tissée dans leurs ateliers.—Citation favorable.

411 (2887). MM. *Tettard* et *Métayer*, à Clairvaux.—Ont exposé des calicots, des coutils, des cretonnes, des serviettes d'une bonne fabrication.—Citation favorable.

[illegible] DESCRIPTIVE STATISTIQUE ET NOMINATIVE DE L'EXPOSITION INDUSTRIELLE DE 1839

ouverte à Paris le 1er Mai

pour servir de guide aux visiteurs qui veulent étudier les produits de l'Industrie Nationale.

SALLE N°1. COUR DU N°1. SALLE N°2. SALLE N°5 (supplémentaire). SALLE N°3. SALLE N°6 (supplémentaire). SALLE N°4.

Châles, Soieries, Mousselines, Dentelles &c.

Ébénisterie.

Bureau

Bureau

Vestibule

1re DIVISION (Mécaniques)

2e DIVISION (Objets divers)

3e DIVISION (Tissus)

4e DIVISION (Objets d'Art et de Luxe)

www.ingramcontent.com/pod-product-compliance
Ingram Content Group UK Ltd.
Pitfield, Milton Keynes, MK11 3LW, UK
UKHW021057260726
13994UKWH00002B/559

9 782329 441498